本书为"基础教育改革与发展协同创新中心"创新成果

书刊检验
合格证
06

教育理想与学习共同体构建

钱立青 著

重庆大学出版社

图书在版编目（CIP）数据

教育理想与学习共同体构建 / 钱立青著. --重庆：
重庆大学出版社，2022.6
ISBN 978-7-5689-3262-2

Ⅰ. ①教… Ⅱ. ①钱… Ⅲ. ①师范教育—研究—中国
Ⅳ.①G659.2

中国版本图书馆CIP数据核字（2022）第068909号

教育理想与学习共同体构建

JIAOYU LIXIANG YU XUEXI GONGTONGTI GOUJIAN

钱立青　著
策划编辑　唐启秀

责任编辑：李桂英　　版式设计：唐启秀
责任校对：邹　忌　　责任印制：张　策

＊

重庆大学出版社出版发行
出版人：饶帮华
社址：重庆市沙坪坝区大学城西路21号
邮编：401331
电话：（023）88617190　88617185（中小学）
传真：（023）88617186　88617166
网址：http://www.cqup.com.cn
邮箱：fxk@cqup.com.cn（营销中心）
全国新华书店经销
POD：重庆市圣立印务有限公司

＊

开本：720mm×1020mm　1/16　印张：11.75　字数：213千
2022年6月第1版　　2022年6月第1次印刷
ISBN 978-7-5689-3262-2　　定价：68.00元

目 录
CONTENTS

第三章　五育并举与教育生态 / 39

第四章　教学启智与教育创新 / 65

第一章　行知精神与师范教育

☆ 行是知之始

☆ 行知精神与师德修养

☆ 师范教育的反思

☆ 早期师德教育

☆ 教师教育改革

☆ 教师教育发展共同体

☆ 高等师范教育的发展规律

行是知之始

　　在五四运动以后，神州大地上走出了一位著名的教育家陶行知先生。他是一位从我国国情出发改革教育的先驱，毕生致力于革新教育事业。陶行知早年留学归来，批判旧的传统教育，提出改革教育的主张，并创立了使教育适应当时社会发展需要的"生活教育理论"。

　　陶行知有一段更名的故事。他在南京金陵大学读书时改名"陶知行"。多年的生活体验让他逐渐明白，并不是先知而行。于是，他开始对先贤王阳明"知是行之始，行是知之成"的观点提出了质疑。后来他坚信唯物主义认识论，20世纪30年代发表了《行之行》的文章，并正式改名为"行知"，渐而形成了一套以"行是知之始，知是行之成"为纲的生活教育理论学说。

　　更名故事的背后，反映了陶行知不盲从说教，正确看待当时教育现状，作出自己的思考。陶行知主张教育要联系生活，联系劳动，从根本上改造传统教育，形成一项富有创造性符合国情的教育理论体系。

　　陶行知在生活教育中强调"教学做合一"。他认为，教学做是一件事，而不是三件事。教的方法要根据学的方法，学的方法要根据做的方法。事情怎样做就怎样学，怎样学就怎样做，教与学都以做为中心。1926年，他撰写《中国师范教育建设论》时，系统地阐述了"教学做合一"，并在晓庄学校试验，日后成了其校训。晓庄学校特别强调在做的活动中获得知识，从而取消了课堂教学，取消了教科书，而代之以"农事教学做""家事教学做""改造社会环境教学做"。在一个活动中，对事说是做，对己说是学，对人说是教，做不仅是学的中心，也是教的中心。

　　陶行知先生还把"做"当作"在劳力上劳心"。他认为，在劳力上劳心，是一切发明之母，事事在劳力上劳心，便可得事物之真理。单纯的"劳力"只是蛮干，不能算作"做"；单纯的"劳心"是空想，也不能算作"做"。这个"做"，正是"行是知之始"的"行"。《墨辨》曾提出三种知识：亲知、闻知与说知。"闻知"是从旁人那儿得来的或由书本传达的，"说知"是推想出来的知识，只有"亲知"是亲身得来的，是最可靠的，是一切知识之根本。以行求知，强调了"行"是获得知识的源泉，这便使自然以行动为中心而不致陷落在虚空里面。

　　行动在生活中处于主导地位。如从小孩子说起，他们起初必定是烫了手才知道火是热的，吃了糖才知道糖是甜的，必须经历一份行动，才有一种深刻的体验，这种体验随之转化为认知，指导人们的生活。人类一切知识来源于行动，行动产生理论，行动充实理论，而且丰富与发展理论。

在行知故里的徽州，黄山飞来石附近，有一座后人纪念陶行知的行知亭，亭前立有一块碑，镌刻着"行动是老子，知识是儿子，创造是孙子"。大凡游人驻足碑前一番顿悟，都觉得此言不乏有其深刻的哲理，纷纷抄录或拍下照片。其中，细品方知"行是知之始"的蕴涵了。

陶行知不愧为"伟大的人民教育家"。可以说，他是一位毕生真正地革新传统教育理论，批判吸收国外教育思想的划时代教育家。特别是他的生活教育理论以朴素的唯物主义世界观，进行以实践、行动来检验知识科学的、严谨的治学方法，时至今日依然富有现实意义。

行知精神与师德修养

自古以来，中国就是一个尊师重教的国度。"国将兴，必贵师而重傅；贵师而重傅，则法度存。国将衰，必贱师而轻傅。"战国时期荀子第一次把教师的作用置于关乎国家兴衰、法治存亡的政治地位。"天、地、君、亲、师"的相提并论，正是封建社会儒家思想体现出的社会对知识、人才的尊重与敬仰。

教育的关键在教师，而教师素质，师德最重要。教师是国家教育方针政策的最终执行者，教师的道德修养水平直接影响未来人才道德修养的高低。正是因为教育是一种以人格来培育人格、以灵魂来塑造灵魂的行为，所以，加强教师队伍的灵魂塑造、加强师德师风的建设，对于国家发展、社会进步而言，意义重大而深远。

我国现有受教育人口约 2.5 亿，各类教师和教育工作者已达到 1500 万人，这支庞大的师资队伍建设引起了社会各方面的高度关注。党和国家在教师队伍建设过程中，始终把师德建设放在首要位置。《中共中央国务院关于进一步加强和改进未成年人思想道德建设的若干意见》强调"切实加强教师职业道德建设"，要求教师"树立育人为本的思想""热爱学生，言传身教，为人师表，教书育人，以高尚的情操引导学生德、智、体、美全面发展"。所以说，师德建设的好坏决定我国教师队伍建设的成败，也决定着我国整个教育事业发展和改革的未来。面对全面建成小康社会的新形势、新任务，面对经济社会深入发展的新情况、新问题，面对促进人的全面发展的新目标、新要求，我们更应该大力加强师德建设，不断提高教师的师德水平，为深化教育改革提供坚实有力的师资保障。

学高为师，德高为范。中华民族素有崇尚师德、倡扬师德的优良传统。师德是中华优秀传统文化中的精粹。教书育人，教书者必先学为人师，育人者必先行为世范。教师的职业特点决定了教师必须具备更高的素质，而师德是教师的灵魂。师德决定了教师对学生的热爱和对事业的忠诚，决定了教师执着的追求和人格的高尚；同时，教师的理想信念、道德情操、人格魅力直接影响到学生的思想素质、道德品质和道德行为习惯的养成。高尚而富有魅力的师德就是一部活的教科书，就是一股强大的精神力量，对学生的影响是耳濡目染的、潜移默化的、受益一生的。当人们回忆起自己的成长经历时，首先自然想到的就是儿时教师的启蒙和榜样作用。当前，深化教育综合改革，全面提高教育质量，不仅需要广大教师要转变教育思想和观念，提高教育教学水平，更需要教师具有良好的思想素质和高尚的师德。

一、当下师德师风中存在的失范现象

21世纪以来，一些有悖于教师职业道德、损害教师形象的事件频繁发生，在教师岗位上表现出来的一些行为与传统的道德伦理背离的现象比比皆是，教师职业道德形象的议论和思考再次成为社会的热点话题。国家曾经出台了相关的师德规范文件，也推出了一系列师德标兵，但依然出现师德严重滑坡的现象。究其原因，一是国家层面的师德规范只体现了国家的意志，没有完全进入教师的头脑，没有达到"内化于心、外化于形"，难以转化为教师的自觉行为。二是我国正处于社会转型时期，教师和普通大众一样，面临着许多诱惑，难免存在部分教师行为失当、价值错位等不良现象。

缺少师爱，没有投入职业情感。师爱是师德的核心要素。苏霍姆林斯基曾强调"没有爱就没有教育"。儒家经典《学记》也认为"亲其师，信其道"。但这些德行标杆在今天部分教师的心中已失去魅力与认同，有些教师对学生缺乏热情与耐性，对学生情感与内心的需求视而不见，甚至没有及时发现与疏导学生的心理问题，导致悲剧发生。有的教师缺少公平意识，师生关系日益疏离，甚至走向对立。教育的对象是学生，是活生生的有情感的人，对学生的理解、尊重和爱是教育活动得以开展的前提。教师职业情感的投入，方能带来职业行为的变化，唯有情感和人格的投入，才有教育的实效。师爱的缺失必然导致教育的失败。

缺少责任心，不能敬业爱岗。教书育人是教师的本职工作，爱岗敬业、恪尽职守是师德的重要内容。但眼下有些教师职业倦怠情形严重，教学不认真，对工作敷衍了事，缺少责任心与合作的意识，教育教学失责，甚至"身在曹营心在汉"，爱岗敬业意识淡薄，对职业缺少认同。

缺少学术追求，不能以身作则。"严谨治学，以人格魅力和学识魅力感染学生"是师德的独特表现。教育工作需要教师不断追求真知，勇于创新，在做人和做学问上有所追求。可是有些教师只满足于以本为本、照本宣科的教学，业务不精深，难以激发学生的求知欲；学术上不追求，难以体会职业的荣誉感。教师在求知做人上缺少榜样，就无法引导学生追求真理，永攀高峰。

缺少道德良知，不能为人师表。"师者，所以传道授业解惑也。"这个"道"通常理解为人伦纲常，修身治学教书育人之道，然而依然有些老师不以其道而行之，而利欲熏心，在追求私利落空时，心怀不满，愤世嫉俗，个别教师言行触及底线，导致师德沦丧，品质败坏，为人师表无从谈起，教师的形象在群众眼中受到极大损害。

种种师德失范的现象令人怵目惊心，师德问题必将深层次地影响着教育事业的发展。由此看来，师德修养至关重要，师德建设任重道远。加强师德建设，重塑教师灵魂，必须找寻传统而不落伍的行知精神。

二、师德修养与"四有"好老师

第 30 个教师节前夕，习近平总书记在同北京师范大学师生座谈时发表了重要讲话，他从理想信念、道德情操、学问学识和仁爱之心四个方面，对做好新时期好老师提出了明确的要求，其中多次直接引用了陶行知的名言，这可以说是对行知精神的时代价值体现再次充分的肯定。总书记在阐述"做好老师，要有理想信念"时，第一句话就引用了陶行知的"千教万教，教人求真""千学万学，学做真人"，说明正确的理想信念是教书育人、播种未来的指路明灯，一个优秀的老师，应该是"经师"和"人师"的统一。接下来在阐述"做好老师，要有道德情操"时，总书记提出好老师要有"捧着一颗心来，不带半根草去"的奉献精神，自觉坚守精神家园，坚守人格底线。在强调"做好老师，要有扎实学识"时，总书记又引用了陶行知的箴言"出世便是破蒙，进棺材才算毕业"，强调作为老师应该有终身学习的志向。在谈到"做好老师，要有仁爱之心"时，总书记说"爱是教育的灵魂，没有爱就没有教育"，这和陶行知先生倡导的"爱满天下"的精神是相通的，与行知精神相一致。爱心是教育的基石，"爱满天下"铸就师德之魂，是引领教师专业发展的精神动力，与行知精神的师德理念十分吻合。因此，新时期造就一支让人民满意的教师队伍，首要是弘扬行知精神，加强师德修养，坚持师德操守。

弘扬献身精神，做不忘初心的良师。 陶行知的一生是为教育事业无私奉献的一生。他曾辞去大学教授职务，拒绝高薪诱惑，毅然脱下西装，一手执鞭、一手挥锄，为的是播撒教育救国的理念，把毕生精力投入中国的教育事业。他逝世后没有留给后代任何遗产，真正做到了"捧着一颗心来，不带半根草去"。作为一名教师，首先要立志用教育的力量去改造社会、建设国家，具有高尚的献身精神和奉献精神。

弘扬师表精神，做教人求真的人师。 "教人求真"是教师的职能，"学做真人"是教师的使命。教师只有"学做真人"才能真正"教人求真"，这样教师就必须有明确的师德意识和良好的人格素养。教师要做到教人求真，就必须敢于追求真理，改进教学方法，积极投身实践，加强自身修养。师生之间应建立平等自由、同甘共苦的关系。这种关系应体现在教学、生活的各个方面，应"共甘苦、共生活"，形成师生共修养、共成长、共发展的和谐校风。

弘扬大爱精神，做以身传教的导师。关心爱护学生是师德的重要组成部分。陶行知一生倡导平民教育，提出广开门路，面向广大劳苦大众，让全社会所有人都有机会接受教育。他深信"没有爱，就没有教育"，教师"要爱生如子弟"。无论在晓庄、在育才，还是在社会大学，陶行知都志坚情满，无私投入，用自己的实际行动塑起一座"爱满天下"的师德丰碑。这里的教师不仅是知识的传播者、创造者，更是学生学习、生活乃至人格养成的导师。

弘扬创造精神，做开拓创新的能师。陶行知是具有远见卓识，勇于实践，勤于探索，富于创造精神和开拓精神的一代师表。创造精神及其创造思想是他生活教育理论体系宝库中的精髓，也是师德思想的重要内容。做的最高境界是创造。他生动地提出"行动是老子，思想是儿子，创造是孙子"的创造教育原理，并强调只有通过实践才能培养创造的精神和能力。当今的教育注重培养学生的创造力，而教师一定要具有创造精神，且目光要长远。

师范教育的反思

近年来，传统的独立性、定向性、封闭性教师培养体系已被打破，新型教师培养正朝多元化、开放化、综合化的方向迈进。但在师范教育转型及其体系建设中也生发出一些问题，主要表现为教师的教学专业技能被忽视、师范教育的地位削弱、教师教育资源流失、师范生培养管理失范等。

一、教师的教学专业技能淡化与忽视

目前基础教育领域具有一个难以回避的现象：中小学教师的学历要求、合格率大幅度地提高了，但其教学水平却没有相应地得到明显提升。归结原因，诸多研究认为是由于师范院校转型综合性大学、师范教育在校地位削弱、学校工作重心远离了教师教育。在师范院校的升格、改建或综合化改革中，"一个重要倾向是'非师范化'和'去师范化'，即削弱教师教育在整个学校工作中的地位和作用"[1]。师范教育被边缘化与弱化，也导致师范专业的传统优势和资源大量流失。直接体现如"三字一话"等一些教学技能训练基本被忽略，而师范生"回生源地自行实习"的制度促使原本规范的教育实习缺乏有效组织与指导而流于形式，以往一些行之有效的教师培养制度正逐渐丧失，甚至在师范生培养环节上也出现了失范的现象。

二、师范生生源素质急剧下滑

20 世纪末以来，随着开放式教师培养模式的实施及免费师范教育政策（目前尚有惠及面有限的 6 所部属师范大学实行免费政策）的取消，市场竞争、调节机制相继被引入教师教育领域，师范生的招生规模计划性减弱；加上师范毕业生的就业制度（自主择业）、中小学教师的招考制度（凡进必考）等政策，往日教师教育专业拥有的诸多优势均不复存在，直接导致师范院校的生源质量呈现下降趋势。师范生的生源素质高低是影响今后教师进入专业化发展轨道能走多远的一个"先天性"因素。然而，"报考师范院校的优秀生源大幅减少，尤其是占 80% 师范计划的地方师范院校生源质量严重滑坡"[2]。

---

1 宋秋前，叶云飞.教师教育改革存在的问题与思考［J］.教育发展研究，2008（22）：48-51.

2 范国睿.教育政策观察（第 1 辑）［M］.上海：华东师范大学出版社，2009：95-96.

三、师范生人才培养目标定位不够清晰

目前，教师教育领域依然存在"教师教育＝学科教育＋专业教育"的观念和做法，由此形成的师范性与专业性之争相互缠绕，在人才培养中也就难免存在各自为政的现象。教师教育的目标在于培养教师职业技术人才，而绝非培养学科专业人才。但目前推行的师范教育教学内容及组织对人才培养目标的支撑度不够。大多院校注重专业理论深造，忽视师范生技能的培养，重学术、轻师范现象仍很普遍。其实，只有"学术性和师范性的结合，才能培养出合格的教师"[1]。而作为专业人才，教师专业属性应该包括学的属性、教的属性和学科的属性，这三个属性需要互通融合，进行整体培养。

四、课程体系与教师专业发展吻合度不高

大多师范院校都注重学科知识体系的建构，侧重学科专业课程的开设，强调师范生需要掌握精深的专业理论知识。据调查，"对于体现'教什么'的学科专业课比例占总课时的 70% ~ 80%，而对于体现'如何教'的教育学、心理学、课程理论等教育类课程比例低于总课时的 10%"[2]。支撑教师专业化发展的专业课程比重明显过低，大大削弱了教师必备的教育专业训练。且通识课程、教师教育专业课程和学科专业课程模块间缺乏有效的交融。同时，人才培养规格单一和培养模式比较滞后，"仍沿袭传统职前教师培养模式，突出表现为缺乏实践导向、实践性教学不足、灌输式教学、教学管理制度不完善等，致使师范生学习积极性不高"[3]。产学研合作育人机制不畅，实践教学环节不够完善，实践能力和创新精神等自然不足。

1　顾明远.谈谈我国教师教育的改革和走向 [J].求是，2008（7）：53–55.

2　高芳.高等师范院校教师教育存在的问题与对策 [J].教育探索，2010（12）：101–102.

3　朱为鸿，曲中林.地方本科院校教师教育改革的问题与对策 [J].高等教育研究，2015（7）：68–74.

早期师德教育

中小学教师队伍的建设，首先要加强以思想道德为核心的师德建设。作为教育工作的母机、培养未来教师的师范院校，在师范生中开展早期师德教育尤为重要。

教师担负着"传道、授业、解惑"的育人使命，不仅仅是单纯知识、技能的传授者，重要的是以自己的品行、内在的素养去影响人、塑造人。教师职业的特殊地位决定了师范院校为培养未来的教师要做好早期师德教育工作，对在校的师范生加强理论学习和常规管理，为其日后走上教师岗位、树立良好的师德形象打下坚实的基础。师范生在学习成长中具有可塑性大和模仿性强的特点，极易受学校教育环境的影响，"染于苍则苍，染于黄则黄"。尤其在当前的市场经济下，各种思潮席卷而来，许多学生专业思想难以巩固，不能正视教师职业，相当一部分人甚至没有从教的心理准备，即使毕业后手执教鞭，也不会有教师应尽的职责和应有的付出，严重影响了教师队伍的整体建设。师范院校的工作者要准确把握学生发展的规律和存在的心态，及时开展学生思想政治工作，及早地从师德抓起。新生入学后就要全面地开展师德教育，逐步树立师德意识和职业理想，通过一些教育活动来培养师德情感和锻炼师德意志，尽可能地缩短师德培养的周期。

开展早期师德教育，首先，要同学校日常的管理和思想政治工作结合起来，并融入其中。通过理论学习，将师德内容渗透于课堂教学和课外活动之中，让学生明确做人之道、为师之道，逐步掌握师德规范准则。这种师德认识程度如何，决定着师德信念和意志的坚强情况，与师德行为的高尚与否直接相关。加强学校管理，营造早期师德教育的环境，重在养成教育。培养学生自我管理、自我约束，形成师德行为习惯，使其对师德规范做到意识性地遵守，同时，这种"行"的规范促进"知""情""意""信"的深化发展。

其次，师范院校教师首先要做到为"师"师表，以身立教，修身律己，这种良好的师德形象对师范学生起着潜移默化的作用，"教师无小节，事事皆楷模"。教师的形象教育对师范学生起着最直接、最有影响的作用。抓住师范生教育教学的实习活动机会，在实习过程中不断增强其作为一名人民教师的责任感和荣誉感，这种亲身体会能更有效地激发师范学生对教师事业的崇敬。

另外，每年以教师节为主题在校内外开展一些尊师重教活动，充分展示教师辛勤工作的成果，体现社会对教师的价值认同，可以把学陶师陶活动作为师范学校的师德教育的一项基础、必修的教学内容。

教师教育改革

新时期教师教育的目标是培养基础教育需要的合格的新型师资。教师教育机构一定要厘清教师教育的发展取向，破除传统的过于强调学术的窄化定位，强调人才的高素质、广适性和复合型。解决教师教育存在的问题，首先要创新体制机制，构建现代教师教育体系，以教师资格证书制度为基础，以促进教师专业发展为核心，内外联动，形成教师教育改革的"组合拳"。

一、重构与完善开放协同的师范教育体系

世界各国的师范教育已经由独立型、定向型、封闭型向依存型、非定向型、开放型转变[1]，由此来重新审视我国教师教育改革方向，深化教师教育办学体制、管理体制和招生制度改革，确保教师教育的办学活力和持续发展，阶段性地满足基础教育师资供给的结构与质量需求。尤其要创新乡村教师补充机制，提高农村中小学教师队伍整体水平，有效地推进城乡师资的均衡配置。

创新教师教育协同发展机制。开放融合高校、政府、中小学、教研机构等创新元素，发挥地方教师教育协作联盟组织的优势，实现 U（高校）-G（政府）-S（中小学）协同推进区域教师教育改革。作为教师教育母机的师范院校，要率先推进教师教育领域相关资源的整合，建立与中小学合作的长效机制，敦促师范院校与基础教育一线的深度融合，促进培养、培训、研究、服务一体化，并发挥示范引领作用。

探索师范生定制培养的组织模式。针对当前教师教育类生源质量总体不高的情况，应在区域试点性地拓展师范教育优惠政策，吸引优质生源，从源头上确保生源质量。通过在学免费、学费返还等方式，支持地方师范院校实施免费师范生教育，制定激励措施吸引优秀毕业生报考师范类专业。拓宽招生通道，积极策应《乡村教师支持计划（2015—2020 年）》，为农村中小学定制培养本土化的全科型教师，探索招生、培养、就业三位一体定制培养的组织模式，完善交流与补充机制，破解农村中小学教师的培养质量和职业认同感不高的难题[2]，形成"下得去、留得住、教得好"的师资配置格局。

---

1 韩清林．积极推动师范教育转型 构建开放式教师教育体系［J］．教育研究，2003（3）：54-60.
2 杨东平．中国教育发展报告（2016）［M］．北京：社会科学文献出版社，2016：59.

二、改革教师教育培养模式促进教师专业发展

教师专业化是师范教育转型的价值导向。教师的教学专业技能是支撑教师走向专业成功的重要支柱，是教师专业化的标志性技能。[1] 推进教师专业发展，首先应紧扣培养造就高素质专业化教师队伍的战略目标，注重引入教师职业资格标准，开发与拓展应用型课程，着力提高人才培养过程与目标之间的吻合度。

创新人才培养模式。调研分析师范生人才培养目标、规格与岗位间的衔接问题，实现教师培养开放化、综合化和师范性与专业性的统一，明确教师教育专业服务面向。系统推进合作式育人机制、对接性标准体系、模块化课程体系，促进专业教育与创新创业教育的有机融合。实施以知识基础、素质为本、能力取向的学业评价淘汰机制，构建适应教师专业发展的良好生态。同时，师范院校还应提供多学科交融的文化环境和学术探究的氛围，聚力培养真正具有深厚知识基础和综合文化底蕴的复合型教师。

探索卓越教师和全科型教师培养。以教师专业化为导向，围绕教师专业核心能力和基础教育新课改，深入实施卓越教师培养计划。围绕以通识能力、学科能力和专业能力为基干的综合能力素养，探索学科专业与教师专业培养相叠加、校内培养与基地学校培养互嵌入的全科型教师培养课程体系建设。实施"双导师"导学，协同指导师范生的专业学习及教育教学实践、教学技能培养等。通过第二课堂，引导师范生早进入、全接触基础教育一线，有效提升师范生的学科素养、实践技能和教研能力。

加大课程改革，突出实践取向。重新审视与调整教师教育课程体系，以修订专业人才培养规格标准为抓手，深化教师教育的课程改革。搭建模块化、选择性和实践性的课程结构，不断提高教师培养的专业化水平。落实《教师教育课程标准（试行）》，以提升创新能力为重点，统构课内实验、课外实训和实境锻炼"学做合一"的实训体系，注重自主设计、社会适应能力的培养，强化实践教学并贯穿培养全过程。

---

1 李玉峰.论教师教学专业技能的核心成分及其养成［J］.中国教育学刊，2007（1）：74—77.

教师教育发展共同体

推进教师教育体制机制创新，实行 U–S（大学—中小学）协作，可以打破封闭僵化的教师教育现状，维护教师教育开放、协同的生态系统。研究表明，U–S 协作，已成为关联师范生理论学习和教学实践、提高科研能力与不断积累教学经验的重要途径，师范生培养中可以分享、吸纳和整合中小学经验性资源，能够较好地弥补高校单一主体在培养教师过程中实践性缺失的问题。

一、组建 U-S 协作的教师教育发展共同体

师范院校要与地方加强合作，加强教师教育资源整合，积极主动与中小学建立合作机制。组建 U-S 协作教师教育发展共同体，促进研究与教学一体化、理论与实践一体化，从而使大学和中小学形成"合作、互利、双赢"的新型关系，为教师的专业发展发挥示范引领作用。突出师范生培养教育的开放性与融合性，师范生能够走出"象牙塔"，亲身走进中小学教育场景。这种合作发展模式为师范生专业学习提供了实践的经验，当他们带着现实中的问题重新进入课堂进行专业学习的时候，理论的学习将变得不再枯燥，专业不再是课程计划上的要求，而是一种职业技能的具体体现。

二、推行 U-S 协作的师资双向嵌入制度

从人才培养和提升师范生质量出发，高校与中小学互聘师资，以师资双向嵌入，实现协作共进、资源共享。一是有组织地选聘部分中小学优秀师资嵌入师范专业人才培养活动中，传授中小学教学法或指导师范生实践教学，以期改善师范生培养主体构成，通过协同培养方式提升师范生培养质量。中小学教师长期在基础教育一线，有丰富的教育教学经验，对于如何根据教育实际和学生实际选择教育教学方式深有体会。实践表明，这种来自基础教育的师资力量，不仅能够有效补齐高校师资关注理论知识、忽视实践技能的短板，也能够有效激活学生的学习兴趣，激活师范生教学技能的提升。二是鼓励高校教师深入中小学挂职锻炼。高校教师平时研究的是教育理论与教育规律，忽视的是这些理论与规律本身也是来自教育实践。如果没有到中小学挂职体验，就难以深入认识、体会和转化这些理论与规律，难以将教育理论与规律有效地传授给学生。挂职锻炼让高校教师对基础教育一线的认识与理解加深，

当其回校从事师范教育时，将会选择更适合实际的教学方法，将相关理论转化成教育师范生的知识与技能，切实培养适应中小学教育教学的师范人才。

三、敦促师范专业培养方案的不断优化

中小学的经验性资源开发与利用，为师范院校与基础教育之间搭起了一座紧密联系的桥梁。这些来自实践的鲜活的经验运用，丰富了师范教育的内容，促成了教师教育理论与实践的无缝对接，能够提升高校教师教育者的实践反思能力，也能够提升中小学教师理论与研究素养。[1]有研究指出，师范生培养教育中，只有将适度的科学理论与中小学或教师所拥有的经验性知识结合起来，才能构成有效的师范生培养模式。因而，通过 U–S 协作，加强教育资源共享与互融，师范院校的教学内容是否切合基础教育的实际需要也得到了检验，由此可以提高课程设置的灵活性，进一步优化师范专业人才的培养方案。

1　刘雄英.中小学教师教育者专业发展的困境及其应对［J］.教育发展研究，2018（18）：65–69.

高等师范教育的发展规律

我国高等教育事业经历了一段不平凡的发展历程，从高考恢复到改革开放，从进入大众化到向高水平、高质量发展目标迈进，取得了重大成就。新时期的高等师范教育，要深化对高等教育改革与发展中的规律性认识，分享和总结办学的基本经验，始终坚持以发展为主题，促进高等教育的持续、健康和协调发展。同时要找准在经济社会发展中的位置，与本区域的经济社会发展紧密结合起来，突出自身的特色和优势，确定工作思路和发展战略。

一、正确地处理好规模与质量的关系

规模与质量的问题，是世界各国高等教育大众化、普及化进程中都会遇到的问题。正确理解规模与质量的关系，是科学把握规模与质量协调并进，实现高等教育持续健康发展的前提。高等师范需要一定的办学规模，高等师范的质量必须是一定规模下的质量，没有一定规模的质量，是不全面的质量。当然，高等师范的规模也不是越大越好，关键是要有一个度，这个度就是要与经济社会的发展相适应，与高等教育系统的结构及高等师范的承载能力相匹配。由此可见，高等师范的规模和质量的关系，决定了高等师范教育必须走规模与质量并举、内涵与外延并进的发展战略，二者不可偏颇。任何人为地单方面强调质量的提高，限制规模的发展；或一味地追求规模的扩大，忽视质量的提高，都是不符合高等教育发展规律和要求的，是不可取的。高等教育数量的增长是发展，高等教育质量的提高也是发展。如果说前些年高等教育的发展重点是侧重于规模的扩大、数量的增长的话，那么，现在和今后一段时间里，高等教育的发展重点则是质量的提高。

高等师范院校要上下统一思想，运用科学发展观，认真处理好规模、质量、效益之间的关系，形成正确的认识和一套有效的机制：增加规模不能以压缩和减少生均教育资源为代价，无论在什么时候和什么情况下，办学质量永远是第一目标。这里不是单纯地考虑扩大规模，而更多的是考虑通过优化结构来扩大规模，提高质量和效益。整个办学过程中始终把社会效益放在首要位置，以育人为根本，牢固树立以学生为本的理念，全面做好学生的教育、管理、服务和就业工作。

二、提高教学质量和人才培养质量

教书育人是高校最基本的职能。高等师范要始终坚持把教学工作放在第一位，牢固树立教学工作的中心地位、教学质量的首要地位、教学投入的优先地位和教学改革的核心地位，形成以教学为中心，一切为了教学，一切服务教学的良好氛围。

强化育人功能，把提高人才的综合素质和创新能力作为育人的核心工作。加强学院的学术气氛，营造一个鼓励创新的氛围和环境，提升师范院校的精神文化品质，培育和形成具有自身特色的大学精神。不断地落实以人为本，提高服务意识和服务水平，提高等师范德水平，改进教风、学风和工作作风，营造积极向上的良好校风，努力造就出一大批具有良好的政治素质、专业业务素质的人才。

三、运用科学发展观指导优化学科结构

构建一个具有可持续发展潜力的学科专业体系，是提高办学水平的重要抓手。在学科建设中，一是以社会需求为导向。任何一个学科建设或专业设置，只有适应社会需要，才能有良好的发展前景。把学科专业建设与社会需求、招生就业结合起来，使每个学科专业生源充足、就业充分。对那些缺乏市场需求、发展前景不好、办学效益不高的专业或学科，进行停办或加以调整。二是有所为有所不为。根据办学条件，学科建设突出重点，量力而行。在教育资源的配置上不能搞平均主义，要向有基础、有条件、有前景的优势学科和专业倾斜，以此作为突破口进行重点建设。重点扶持和发展特色学科或专业，并通过重点或特色学科的发展来辐射或带动其他学科的发展。同时，根据先进生产力的发展要求，合理设置基础性学科和应用型学科，培养基础性学科和应用型学科的人才。特别是要运用科学发展观，实现师范教育与非师范教育的协调发展。社会的发展对高素质教师的需求也非常急迫，师范教育专业不仅要保留，而且要作为重点和特色来发展。发展师范教育，并不排斥非师范教育，二者相互促进、相得益彰。在市场经济条件下，办学综合化是大势所趋。发展非师范专业不仅可以增强综合办学实力，促进师范院校的可持续发展，而且有利于学科交叉和融合，提升师范专业水平，促进学生的全面发展。

四、运用科学发展观指导构建和谐校园

用科学发展观指导高等教育，必须使高等教育为构建和谐社会服务，为实现教育公平服务。教育公平是构建社会主义和谐社会的重要内容，构建和谐社会要尽可能实现教育公平，没有公平的教育就谈不上构建和谐社会。高等教育公平是当前全

社会高度关注的问题，教育涉及千家万户，是社会公平的重要方面，事关人民群众的根本利益。

　　充分挖掘办学潜力，增强办学活力，科学有序地扩大办学规模，尽可能多为人民群众及子女公平地提供接受高等教育的机会，满足广大人民群众接受高等教育的意愿。同时在招生、就业等环节上坚持公平、公正，通过稳定和规范学费，实行助学贷款，提供"绿色通道"，关心和资助贫困大学生顺利完成学业，积极倡导以人为本的思想，不断提升学校的办学实力和办学水平，维护广大师生员工的切身利益。

第二章　教育均衡与乡村教育

☆ 乡村教育问题

☆ 振兴乡村教育

☆ 随迁子女的平等就学

☆ 乡村教师的发展困境

☆ 扎根乡村教育

☆ 乡村教师补充机制

☆ 基础教育发展的核心问题

☆ 新优质学校发展理念

乡村教育问题

近年来，国家大力支持乡村教育事业，"三个增长"[1]持续兑现，乡村学校办学条件不断改善。但在城镇化快速发展的进程中，一些乡村的教育事业发展速度仍然落后于时代进步，还存在着不少不容忽视、亟待解决的突出问题。

一、城乡教育投入差距显著

教育经费投入是教育稳步发展的保障条件，更是资源合理配置的基础。我国农村教育投入近几年呈现递增趋势，城乡差距缩小成绩显著，但也存在一定的问题。2017年，我国生均教育经费投入农村小学只有普通小学的95.78%、农村初中只有普通初中的91.84%，生均公用经费农村小学只有普通小学的91.35%、农村初中只有普通初中的89.83%，整体来说农村教育经费投入有所提高，但是农村学校与普通学校的投入仍存在差距，投入增长速度也低于普通学校。另一方面，农村经费投入渠道呈现单一化。我国农村教育当前以义务教育为主，其经费来源主要依赖于国家财政拨款，社会组织或个人、企业参与相对薄弱。有关统计资料显示，近十年来，我国财政性教育经费呈现"单条腿"快速增长的局面：公共财政教育经费的年均增速继续保持在10%以上的高水平，但社会和私人教育投入的增速仅达到3.6%。

二、乡村教师岗位吸引力低

教师是教育发展的第一资源，但诸多地区呈现优秀人才不愿意到乡村学校任教，乡村教师队伍出现"下不去、留不住、教不好"的现象。究其原因，是农村学校教师岗位吸引力低，影响教师特别是优秀教师主动选择乡村教师岗位。调查资料显示，乡村教师的工作负担较重，乡村教师的平均周课时数普遍高于城市教师。同时，乡村教师工资待遇相对较低，与城市教师相比仍存在一定差距。乡村教师高职称比例较低，城市学校高级和一级教师所占比例达65.04%，而县镇和乡村学校分别只有59.96%和54.44%，乡村比城市低10.6个百分点。除了乡村教师工作量、工资、职称等因素外，农村经济社会文化条件相对落后加剧了农村学校教师岗位吸引力方面的劣势，乡村教师向城市流动意愿强烈。调查发现，村屯、乡镇教师向城市流动意愿

1　《中华人民共和国教育法》中规定的"三个增长"，即"各级人民政府教育财政拨款的增长应高于财政经常性收入的增长，并使按在校学生人数平均的教育费用逐步增长，保证教师工资和学生人均公用经费逐步增长"。

的比例超过 70%。教学能力突出、素养较高的教师会通过选调、特聘、晋升等渠道逐步流向城镇；反之，却鲜有城镇教师流向乡村。教师队伍已成为制约乡村教育质量提升甚至学校运转的关键因素。据调研，即便像江苏省泰州市经济比较发达的农村，教师年龄结构老化、年轻教师补充难、学科结构不合理、专业教师短缺等问题依然严重。

三、家庭教育缺失极大影响农村留守儿童发展

2019 年 9 月，民政部公布全国农村留守儿童数量为 697 万人，农村留守儿童数量总体呈现下降的趋势，但在中西部贫困地区，留守儿童依然具有数量多、比例大、分布广的特点。有 78.2% 的留守儿童大量集中在义务教育阶段。调查发现，留守儿童中有 1/3 属于隔代监护。留守儿童教育面临的最大问题是家庭教育功能弱化，长期处于一种放养式的状态。隔代监护导致留守儿童缺乏必要的辅导与良好的家庭环境，使农村留守儿童的基本权利与社会需求、安全与健康需要难以得到满足。由于"亲情饥渴"，留守儿童的认识、价值观容易偏离，以及个性、心理发展异常等问题而厌学、逃学、弃学，甚至养成不良嗜好。一些学生性格孤僻，越轨现象时有发生。留守儿童给学校教育带来巨大的压力与挑战。

振兴乡村教育

党的十九大报告首次提出"乡村振兴"，正式把乡村振兴战略上升为国家战略。随后，中央农村工作会议明确了乡村振兴战略的时间表，2018年中央"一号文件"《中共中央　国务院关于实施乡村振兴战略的意见》描绘了乡村振兴战略的路线图。中央提出乡村振兴，主要是基于改变新时代"三农"工作在全面建成小康社会全局中处于短板、弱项地位而做出的战略思考。乡村振兴是涉及农村经济、文化、环境和教育等领域的全面振兴。而教育是文化创新、文明演进、国家发展和人类进步的基本动因，教育改革可以成为社会转型、文化变迁的导向性力量。振兴乡村教育是实施乡村振兴战略的必由之路。换言之，乡村振兴，基础在教育。我们应立足乡村经济社会全面振兴，着眼长远、服务需要、针对问题，重新思考和谋划新时代乡村教育改革发展的基本路径，建设适应、服务、支撑战略推进需要的现代化中国特色乡村教育体系。

乡村振兴的实质是乡村现代化。乡村振兴战略的有效实施在于众多因素的协同推进，而最根本的要素在于人及人的现代化。实施乡村振兴战略，最终要靠人才，而人才的培养根本在教育。对乡村来说，学校既承载着知识传播、灵魂塑造等功能，更为乡村建设提供人才支撑。因此，乡村教育的发展是乡村振兴的应有内容与要求，是乡村振兴战略的重要支撑，其内在逻辑就在于教育作用于人而厚植乡村人力资本，通过良好的教育公共资源与服务，通过促成文化的繁荣与价值观念进步，通过实现劳动者知识更新与技能的形成，来调动人的积极性、主动性和创造性，进而推动乡村经济社会的全面振兴。

教育是实施乡村振兴战略的智力保障。长期以来，农民群体较低的知识水平限制了其自身的发展，农民素质的高低也成为实施乡村振兴战略成败的关键。经济学家林毅夫曾指出，发展农村教育是解决中国"三农"问题的关键。教育为乡村的振兴提供了人才以及智力支持，因此，要建设新农村、振兴美好乡村、培养新型高能力高素质农民、改变农村落后现状并缩小城乡差距，必须要加强农村教育的建设。

根据马歇尔和舒尔茨的人力资本理论，我们可以推断出最有价值的资本是投资人力的资本，须为劳动者提供教育，首先是实施好义务教育。虽然我国现阶段已全面普及义务教育，但农村地区的教育质量提高依然是一个亟待解决的问题。促进农村教育事业的发展，培养新型高素质农民是振兴乡村的首要途径和重要抓手。

教育是推进乡风文明建设的重要手段。文化是一个民族的灵魂，是维系国家统一和民族团结的精神纽带。乡风文明作为我国精神文明建设的重要组成部分，是中国特色社会主义文化不可或缺的内容。但在经济社会不断转型和快速发展的进程中，特别是随着城镇化的推进，传统的乡村文化随着人口和社会结构的变化而不适应现代经济社会发展的要求，在传统和现代文明的冲突中，乡村文化凋敝，乡村自然和人文生态出现不同程度的恶化，乡村社会的价值观念发生畸变。乡村振兴战略强调："推进乡村绿色发展，打造人与自然和谐共生发展新格局。""繁荣兴盛农村文化，焕发乡风文明新气象。"教育肩负着文化启蒙、传承与创新的重任。因此，实施乡村振兴，在文化驱动的层面激发精神力量，必然离不开乡村教育在文化的传扬与复兴中发挥战略支撑作用。以教育造就现代社会的乡贤，促进乡村广义生态与文化的繁荣，推动形成与中国特色社会主义新时代合拍的乡村社会行为习惯、价值观念与理想信念。

随迁子女的平等就学

随着城镇化进程的持续推进，家庭化流动的趋势越来越明显，农民工随迁子女数量将会持续增长，这无疑会给农民工相对集中的城市政府及教育带来长久而持续的压力。随迁子女平等就学问题将会变得越来越突出和尖锐，迟迟不予解决或处理不当，有可能演变为社会问题，直接影响新型城镇化健康发展。

我们可以根据新型城镇化试点和户籍制度改革的要求，梳理本地区随迁子女的就学政策，分析随迁子女在迁入地就学方面的政策障碍。创新工作机制，充分考虑随迁子女流动性大等特点，畅通入学渠道，简化就学办理程序，切实保障随迁子女享有与迁入地儿童平等的受教育权利，切实体现"三个一样"。

确保随迁子女与迁入地学生同等待遇。强化地方政府在解决随迁子女教育问题上的主体责任，形成教育公平的政府问责机制。以"平权""每一个公民利益"的政策价值观统领并推进随迁子女教育政策的有效实行。坚持"两为主"，教育行政部门要加强统筹，在调查摸底的基础上，提前公布学校空余学位、入学条件、入学程序等，接受随迁子女入学申请。随迁子女就地、就近、免试、免费接受义务教育，迁入地不得以任何理由和名义向随迁子女及其家长收取择校费、赞助费、共建费等任何形式的歧视性收费。接受非义务教育方面，随迁子女执行迁入地学生相同的收费项目、标准和方式，不得针对随迁子女额外收费。

深化户籍制度改革。加快推动户籍制度改革，逐渐剥离户籍上的利益捆绑，为有序推进农业转移人口市民化提供了政策保障。探索突破以户籍为依据的公共服务供给机制，实现户籍与学籍脱钩，先行在教育领域开展供给侧结构性改革，打破固有城市教育体系的封闭性。试行随迁子女在迁入地参加中考、高考，与当地学生执行相同的招生政策，同享优质教育资源。实现"有条件准入、无障碍考试"，切实做到政策明朗。在随迁子女众多的城市，可形成利益相关者多方参与、相互理解的异地高考决策机制。同时，从国家层面加大高校招生计划的宏观调控力度，通过适度调整招生指标，保障迁入地不因随迁子女参加升学考试而影响当地的高考录取比例。

促进随迁子女融合教育。加强随迁子女适应迁入地生活与教育，通过多载体活动与学校融合、社区融合，消除学生身份"标签化"，增强城乡双方认同感：

一是依据教育部《中小学生学籍管理办法》，建立随迁子女学籍数据库，为随迁子女就学流动构筑便捷的管理平台，使流出、流入两地即时对接，准确掌握随迁子女流动情况。二是将随迁子女与迁入地学生统一编班，在学生管理、评优奖励、入队入团、考试竞赛等方面，与迁入地学生同样对待。三是迁入地教育行政部门和就读学校要针对随迁子女的特点和需求，优化教育教学管理，定制教学内容与改进教育教学方法，切实提高随迁子女就学的教育质量。四是结合学生综合素质评价，建立随迁子女成长档案，将思想品行、学业成绩、身体素质和实践活动等记录在成长档案中。建立家校联动机制，加强跟踪管理，激发家庭教育的作用。五是广泛开展帮扶与关爱活动。利用社区各类教育资源，开放公共场所培养随迁子女的兴趣爱好、技能特长，调动力量帮助解决随迁子女的学业辅导、心理健康教育、生活困难等问题，不断增强其学习自信心，促进其快乐健康成长。同时，要多形式、多渠道宣传随迁子女的自强精神和先进事迹，积极营造全社会重视、关心、支持随迁子女教育工作的氛围。

科学考量敦促平等就学的区域治理。《国家新型城镇化规划（2014—2020 年）》提出"到 2020 年，农民工随迁子女接受义务教育比例 ≥ 99%"的新型城镇化主要指标。而由中国教育科学研究院等研制的《教育现代化进程监测评价指标体系》将 2020 年随迁子女在义务教育公办学校就读比例的目标值定为 85%。由此，政府部门应据此制定随迁子女平等就学相关考核评价指标体系和管理办法，实行专项监督考评，把随迁子女义务教育工作纳入年度目标考核内容当中。

乡村教师的发展困境

长期以来，中国基础教育发展的重点和难点在农村。城乡之间教育发展的不平衡以及农村教育自身发展的不充分，是当前制约我国农村教育发展的瓶颈，而提高乡村教师素质、推进乡村教师队伍有序发展是破解这一瓶颈的关键所在。

义务教育优质均衡发展的进程中，乡村教师队伍建设水平也在逐步提升。各地深入实施乡村教师支持计划，通过实施农村义务教育阶段学校教师特设岗位计划做好教师补充工作。同时，通过建立挂钩约束机制，教师待遇也得到相应的提高，确保中小学教师平均工资收入水平不低于当地公务员。各地通过采取团队培养、送教下乡、网络研修和校本研修等多元方式，分类分层开展了教师培训。推行的"县管校聘"和"无校籍管理"改革，优化了教师资源均衡配置，引导优秀校长、教师向乡村、薄弱学校流动。通过推动教育集团化或联盟化改革，积极推进"优质学校＋新建（薄弱）学校"，扩充了优质教育资源总量，带动了农村薄弱学校的教师队伍建设水平，较好地满足了人民群众对优质教育资源的需要。

优质均衡发展是在教育资源均衡的基础上，共享优质教育资源，其均衡是前提，核心是优质。但在农村地区，教师队伍的问题依然集中体现在"下不去、留不住、教不好"几个层面。

（1）基于城乡和区域的差异，乡村教师岗位吸引力低，一方面，影响教师特别是优秀教师主动选择乡村教师岗位；另一方面，现有的教师队伍不稳定因素依然存在，"异动"现象突出，也缺乏强有力的保护优质师资流失的督查措施。

（2）乡村教师的用人管理受困于编制问题，整体呈现数量不足、质量不高、队伍不整的特征外，"任人唯廉（指廉价，多指代课教师）和有编不补"的问题突出，致使教师年龄结构老化、年轻教师补充难、学科结构不合理、专业教师短缺等问题迭现。

（3）乡村教师难以同等享受城市地区的优质职后教育，而现行的教师培训又多流于形式，培训收效甚微，教师专业化发展的平台与机会较少。加上乡村教师的知识老化、业务考核管理不实等，教师队伍的整体素质难以适应新形势发展要求。

（4）由于工作环境地处农村，经济社会文化条件相对落后，且乡村教师工资待遇相对较低，工作负担较重（调研发现乡村教师的平均周课时数普遍高于城市教师），还承担名目繁多的非教育任务，专业发展通道窄，工作和心理压力较大，教师的职业幸福感不强。

扎根乡村教育

乡村振兴，最终需要靠人才，而人才的培养根本在教育。

教育是文明演进、社会转型和人类进步的基本动因与导向性力量。发展乡村教育是乡村振兴战略的重要支撑。然而在新型城镇化发展的进程中，一些农村地区教育事业发展缓慢，依然存在不平衡不充分的问题，主要聚焦在教师队伍建设上。目前师资短板已成为制约乡村教育质量提升甚至学校运转的关键因素，具体表现在：

乡村教师岗位吸引力低，流失现象比较严重。乡村教师工作条件艰苦，工作负担与压力较重，周课时数普遍高于城市教师，然而工资待遇却偏低，与城市相比存在一定的差距。由此，乡村教师从教的幸福感不强，职业认同感较差，无法吸引优秀人才来乡村从教，导致了当下乡村教师"招聘难、留不住、教不好"。如皖南某县近三年流失新招聘教师 162 人，流失率高达 32.7%。同时，由于农村经济社会条件相对落后，一些教学能力突出、素养较高的教师也通过选调、特聘、晋升等渠道纷纷流向了城市（镇）。

乡村教师总量不足，存在结构性缺编。乡村师资需求矛盾突出，学校由于布局分散，点多面广，各学段教师编制普遍不足，特别是科学、音乐、体育、信息等学科教师结构性缺编严重，难以开齐开足国家规定课程。农村高中面对新高考改革学生选课走班的挑战，目前的师资储备难以满足走班的需要。

乡村教师专业发展后劲不足。农村学校大多地处偏僻，办学规模小，教师数量少，一部分教师年龄结构趋向老化，而青年教师在专业成长过程中又缺少同伴的引领与互助，队伍整体素质有待提高。乡村教师的高职称比例较低，高级和一级教师占比均低于城市 10 个百分点左右。

教师是教育发展的第一资源。乡村教育则是帮助乡村孩子学习成才、阻止贫困代际传递的基本通道。发展乡村教育，当务之急是要将优质资源向农村倾斜，同时必须建立一支能扎根乡村的"四有"好教师队伍，协同破解乡村教育质量亟待提高等普遍性问题，营造良好的乡村教育生态环境，培养与储备一批优秀本土人才，为乡村振兴注入更多的活力。

加强师德师风建设。通过师德模范的引领作用和正面宣传，以"中国好老师"公益行动计划基地校建设为依托，大力弘扬优秀教师先进事迹，让一线教师坚守育人初心，营造全社会尊师重教的浓厚氛围。强化师德师风考评，建立师德考核负面清单制度。增强师范院校的师范生培养力度，吸纳对教育充满热爱的优秀毕业生从教。

完善乡村教师补充机制。完善"省考县管校用"制度，实施好"特岗教师"和乡村教师定向培养计划，拓宽教师补充渠道。在目前教师编制无法突破的前提下，要积极探索政府购买服务等路径，按照"同岗同待遇"的基本原则来招聘紧缺教师。特别是要放宽乡村教师定向培养指标，让更多的本地户籍教师充实到乡村学校，提高乡村教师的稳定性与归属感。

增强乡村教师岗位的吸引力。深入实施乡村教师支持计划和《中共中央　国务院关于全面深化新时代教师队伍建设改革的意见》，建立"补偿＋激励"的乡村教师岗位吸引力的策略，实行教师编制标准、职称评聘向乡村学校倾斜，建立乡村教师荣誉制度等改革措施，切实在工资待遇、发展机会等方面增强教师岗位的吸引力。同时，进一步改善农村学校的交通条件、基础设施和生活环境，缩小城乡之间的教师差距，为日渐堪忧的乡村教育营造良好的外部环境。

提升乡村教师专业素质能力。构建选拔、培养、使用与管理于一体的中小学骨干教师梯级建设体系，发挥示范带动作用。统筹推进各级各类教师培训，启动"智慧＋乡村教师队伍建设"项目，重点支持乡村教师提升整体素质。建议新入职的教师先安排在城区学校工作，通过名师的传、帮、带等方式，培养2~3年后再回到乡村学校，以带动和促进乡村教师队伍整体水平提升。

乡村教师补充机制

解决农村地区义务教育优质均衡发展，关键在教师。要积极创新教师补充机制，充分利用好教师编制"周转池"制度，加大紧缺学科教师配置，缓解教师结构性缺编问题。还要持续加大向乡村教师倾斜力度，提高农村偏远地区教师福利待遇和职称评聘，引导优秀校长和骨干教师向农村学校流动，营造良好的农村教育发展氛围，真正地确保乡村教师能安心从教，热心从教，精心从教。

一、政策设计上突出优先发展农村教育的原则

纵观近十年我国乡村教师政策，集中体现为一种"输血型"的特点，或是鼓励城镇教师到农村轮岗任教，或是体现在工资待遇、编制、职称评聘等方面向农村倾斜等。从长远来看，这种输血型的乡村教师政策，对乡村教师队伍建设只能起一种"近效性"或"强心剂"的作用，实际解决的还只是面上的问题，并非从根本上破解乡村教师队伍建设的核心所在，且容易滋长乡村教师"等、靠、要"的惰性思想。各级政府部门要对照《中国教育现代化2035》和义务教育优质均衡发展的相关要求，充分认识到农村地区教师队伍建设在农村教育发展中的战略地位，树立乡村教师是农村教育事业发展的第一资源的思想，把乡村教师的素质提升作为农村教育整体质量整体提高的关键因素。切实加强乡村教师队伍建设，更需要"造血型"的教师政策，实现"扶贫和扶智、扶志相结合"，引导帮助乡村教师自主发展，从农村实际出发，充分挖掘农村场域的优势，培养一支能够真正扎根农村、热爱农村教育事业的乡村教师队伍。

二、科学构建乡村教师队伍建设的长效机制

以往各级政府在解决乡村教师问题的时候，多是遵循"问题为本"的思路，即发现了问题，才引起相关部门的重视，进而制定政策进行补救，这样的乡村教师发展政策必然存在"头痛医头、脚痛医脚"之嫌。当然，问题导向的教师政策确实具有一定的针对性，但是一项政策应立足于现实，更是为了展望未来。乡村教师发展政策除了映照现实问题以外，还应具备相应的前瞻性和预测性。面对农村地区义务教育优质均衡发展问题，农村教育发展任务的复杂性和艰巨性决定了乡村教师队伍建设是一个长期的过程，不可一蹴而就。相关部门在研制乡村教师政策时，要具有

一定的战略发展眼光，对乡村教师队伍建设的现状和未来的发展目标进行深入的分析和思考，特别是要以当前的社会发展面临的"不平衡、不充分"主要矛盾为切入点，从乡村教师的选拔、培训、专业发展和生活保障、职称评定等方面统筹规划，顶层设计，建立健全乡村教师队伍建设长效机制，达到未雨绸缪之效。同时，要以开放的态度借鉴他国政策经验，在立足国情的基础上，选择性地吸收一些国家成功有益的政策举措，更好地推动我国乡村教师政策的建设发展。

三、内外发力增强乡村教师岗位的吸引力

乡村教师岗位吸引力的相对弱势是由教育系统内外部条件造成的。目前乡村教师岗位存在工资待遇低、发展机会少以及农村经济社会文化落后等问题，为此，要建立"补偿＋激励"的乡村教师岗位吸引力提升策略。要深入贯彻乡村教师支持计划，依据学校艰苦偏远程度实行差别化的补助标准。依据《中共中央　国务院关于全面深化新时代教师队伍建设改革的意见》，进一步加大对乡村教师的补偿额度和激励力度。与此同时，要协同改善农村学校的交通条件、基础设施、生活条件和信息条件，缩小区域城乡学校教师生活条件差距和信息鸿沟。优化教育发展资源配置，通过统一城乡教师编制标准、职称评聘向乡村教师倾斜，推动城区优秀教师向农村流动，建立乡村教师荣誉制度等改革措施，提高乡村教师职业吸引力。

四、量身定制乡村教师专业化发展方案

培训是教师专业发展的主要通道。当前开展的乡村教师培训，大多数的培训方案都是具有城市教育背景的专家和学者设计的，因而此培训方案也多数呈现以城市教师发展为指向的属性，实际上这种培训就是城市教师发展的一种复制，忽视了农村教育的基本实际，缺少针对性，致使培训效果不佳。开展乡村教师培训，一定要关注和解决偏远地区乡村教师队伍建设的系列问题，而不能偏离和回避农村教育发展的现实，或者笼统地一概而论。培训内容与模式设计上必须分层分类考虑乡村教师的需要与诉求，切实通过有效的学习交流提高专业素质，真正改善农村地区的教育质量。

五、制定并实施强有力的防止优质教育资源流失的督查措施

针对目前农村优秀教师向城市趋向、向名校集中的现象，要反思与重构教师评价制度与用人制度，有效地遏制农村优秀教师大量流失的现象。要加快城乡义务教

育一体化建设的步伐，敦促各地实现义务教育区域、校际间教师常态化的双向流动，坚持"强化合作、刚柔有序"的流动原则，创造性地实施骨干教师和工作满6年以上教师进行发展性流动、结构性流动、支教性流动、特色性流动，通过如骨干教师、名师工作室等引领方式，共享名师资源，有效提升区域教师专业化的整体水平。要建立行之有效的督查制度，加大教师流动情况评估指标的权重，渐而使各区域、校际间真正形成合理、有序、良性的生态型流动。

基础教育发展的核心问题

近几年来，基础教育改革发展的环境更加宽松，办学条件极大改善，教育质量明显提高，人民群众十分关心的教育热点问题正在逐步解决。但当前基础教育事业发展的水平和质量，与经济社会发展的强烈需求以及广大群众的热切期盼还有一定差距，还存在不少亟待解决的问题和困难：

一是教育的公益性问题，公益性原则与市场经济法则处于博弈状态，基础教育公共服务体系尚未建立，突出表现在非义务教育阶段中小学的政府责任落实不够，一些政府部门和单位视教育为包袱，总是想将教育推向市场，用民办代替政府职责。

二是教育的公平性问题，地区之间、城乡之间、学校之间的教育发展水平差异很大，农村教育问题颇多，义务教育均衡发展任重道远。部分地方存在着片面的政绩观，热衷于将有限的教育资源集中在少数窗口学校，建设所谓豪华学校，资源配置不均衡，加剧了教育不公平。

三是教育的创新性问题。教育观念依然陈旧，科学的发展观、人才观和教育观尚未形成，一些非主流价值观影响了人们对于教育是非价值的评判，对于教育究竟何去何从，人们显得迷茫和无所适从；不少学校教育模式和教育方法陈旧，不注重提高课堂有效教学，习惯于已有的教育教学方式，加班加点、节假日补课，以牺牲学生的身心健康为代价来提高所谓的教学质量，培养出来的学生缺乏发展后劲，更谈不上有创新精神和动手能力，与经济和社会发展对创新型人才的需求严重不相适应。

四是教育的体制性问题。不少地方教育改革滞后，一些不适应教育发展的体制机制问题成为制约教育发展的瓶颈；教育资源的配置体制不顺，教育的人权、财权、事权相分离，教育部门对资源分配缺乏手段，难以统筹，教育资源不能按照发展目标的需要流动安排；一些城市的市与区教育管理职责不明，基础教育的学段管理交叉不清，影响了管理的效能；部分地方义务教育以县为主的管理体制，存在着县里管得到但看不见、乡镇看得见但管不到的问题。同时，农村学区管理也存在着如何民主监督的问题。

这些问题具体到中小学事业发展，主要表现在以下几个方面：

一是城乡之间、区域之间、学校之间的义务教育发展还不平衡，不同时期有不同的新要求，均衡发展义务教育仍需进一步推进。无论是城市区域内还是城乡之间，教师交流都有很大障碍，农村和经济欠发达地区的义务教育还存在师资队伍整体水平不高，教师待遇相对偏低，教育教学管理水平和质量不高，以及改善村小和教学点综合条件等困难。

二是新型城镇化快速发展带来的新问题面临更大挑战。随着城镇化进程加快、农民工随迁子女数量增加，一些城市的区和县镇教育资源不足，而偏远农村地区生源日趋减少，城市学校学位紧张与农村学校逐渐空心化现象并存。城市区域内、城乡之间教师交流困难较大，城市义务教育生均公用经费保障水平低于农村等问题仍需进一步解决。

三是义务教育学校办学条件仍然未改善，部分农村贫困地区学校的校舍、教学设施、仪器设备达不到国家规定的基本标准，学生的安全设施设备急需加强。农村中小学生寄宿条件还十分缺乏，农村留守儿童的生活设施等需要进一步加强。对民办教育的扶持和规范管理同时需要加强，学校的安全形势依然很严峻，压力很大。

四是普通高中经费投入缺乏保障机制。其一，投入严重不足。各级政府对普通高中财政投入不足，在各类教育中财政投入数量最少，基本靠收费维持运转。其二，债务负担沉重。近年来，普通高中学生数增加，加之人民群众对优质高中教育资源需求的增加，学校不得不自筹资金改善条件、聘用教师，学校经费支出加大，背负了一定的债务负担。其三，政策支撑缺少。国家出台的相关政策，促进了各级各类教育发展，但多年来普通高中教育一直缺少必要的政策支撑，特别是随着"三限制"收费政策的取消，高中的办学经费面临着严重压力和困难。

五是普通高中多样化发展处在摸索之中，具体的思路、目标、任务、路径、模式、措施还不清晰；办学模式趋同、学校缺乏活力，教育教学方式单一、封闭、呆板，不能为不同需求的学生提供可以选择的教育服务；办学类型同一，难以满足不同潜质学生的发展需要；没有根据不同学校情况，优化课程结构，为不同的学生提供适合的教育内容；学校管理方法单调，缺乏办学特色。

此外，基础教育的体制改革、教育信息化、课程改革、办学行为等方面还存在不少问题。这些问题如不及时处理，基础教育质量就难以整体提升，人民对教育的满意度也难以提高。

今后一段时间，是基础教育改革发展十分重要的阶段。从总体上看，基础教育开始从数量型、规模型、粗放型向质量型、效益型、精细型发展模式转变。在这个阶段，人民群众对基础教育的期盼更多、更新，更加要求优质、规范和公平。为此我们要加大改革力度，加快发展步伐，在目标上着力体现时代性，在发展上着力体现创新性，在要求上着力体现满意性，深化教育教学改革，努力办好人民满意的基础教育。

新优质学校发展理念

创建新优质学校，主要是解决现阶段义务教育改革与发展过程中存在的问题，重点聚焦薄弱学校，并以农村和城乡接合部学校为主体，不断提升区域整体的办学水平。

创建新优质学校始终要坚持以人民为中心的发展理念，本着问题导向，坚持统筹推进，强化项目驱动，突出过程管理，不断解决制约学校发展的关键问题，努力来办让师生都能获得成长的教育、人们理想中的义务教育，让一所所具有示范价值的好学校出现在老百姓的家门口。

新优质学校如何办出品质？这首先与校长或学校领导班子的认识水平及发展思路直接相关。学校教育发展的方向在哪里，主要依靠什么实现学校的发展，校长是关键，在其中起着举足轻重的作用。学校的发展方向、教师的专业成长方向也都与校长有关。一个好校长就是一所好学校。一所普通学校或者薄弱学校，最需要改变的并不一定就是生源"质量"、教师资质和物质条件，而是学校的办学思路，是对学校和社会环境的充分认识，是对教育基本规律的认识与坚守，是对师生权益的充分尊重，是全校形成对自身文化制度的广泛认同。

新优质学校创建中主要做到"五个一"，即一个理念、一个规划、一个项目、一个名师工作室和一个创新实验项目。最为重要的就是办学理念。办学理念对学校非常重要，学校办学理念对校外是一面旗帜，对校内是一个纲领，对历史是一个总结，对未来是一个目标。理念决定观念，思路决定出路，对学校来说办学思路决定学校出路。科学规划就是学校的办学思路的直接体现，有了规划、思路，再有了实施规划的保障措施、评价监督，学校发展才可能有出路，学校的持续发展、内涵发展、品质提升才能水到渠成。

然而，新优质学校的创建本身并不是一种结果，而是在于一种持续改进的过程，一种个性绽放的过程，一种品质提升的过程。每一所学校持续地改进与发展中，在保持规模和外延的适度扩张同时，要重在追求内涵和品质的提升，要以"每一个学生的终身发展"为目标，坚持全面质量观和个体充分发展的质量观，积极引导学生自主学习，努力培养好每一个学生，全面走向高质量教育时代。

第三章　五育并举与教育生态

☆ 学前的"超前教育"

☆ 德育目标素质化

☆ 艺术教育与全面发展

☆ 体育促进心理健康

☆ 小班化教育

☆ 转化后进生

☆ 班主任的教育切入点

☆ 教学过程管理

☆ 绿色德育体系

学前的"超前教育"

当下许多父母非常注重家庭教育，这本是件好事，体现重学兴教之风。然而，有些父母希望自己的孩子早成大器、成龙成凤，为实现这一目标，无形当中对孩子采取了系列的"超前教育"。

"超前教育"就是提前让孩子接受教育，孩子一两岁时就开始教授三四岁或五六岁孩子才能接受的知识；孩子还在幼儿园，就让孩子学习小学的教材。有的家长对幼儿园提出能否教拼音，能否教 100 以内的加减法，能否留些家庭作业等要求；有的家长还为孩子制订了"中长期计划"，将孩子的时间安排得满满的，刚上完舞蹈课接着又要上钢琴课，晚上临睡前还让孩子背几首诗，把孩子过早地拉到书本前，接受严格的训练。目前，这种家庭教育风气渐浓，越来越多望子成龙心切的家长们自觉不自觉地加入了超前教育的行列，到底应该怎样看待这个问题呢？

其实，对孩子及早进行智力开发和教育是有必要的，现代科学研究证明，婴儿期及至整个学前期（0~6 岁）的儿童的大脑具有较强的可塑性和修复性。婴儿在未能说话之前甚至在胎儿期就有初步的记忆和学习能力，而婴儿期的机械记忆能力及其潜能是极其惊人的，所以对正常婴儿来说能背诵几首唐诗、宋词，认识上千个汉字不是什么神奇和超常的事，任何一个正常婴儿都具有这一潜能，关键在于是否开发，怎样开发。而有的家长却认为这就是"超常儿童"，自己的孩子就是天才，不惜以牺牲全面发展作为高昂的代价培养"神童"，这类孩子往往每天要花相当多的时间去参加训练，原本属于他们的游戏活动时间比一般孩子少得多，不利于长身体，不利于小朋友之间的相互交往，造成了孩子只能被动、不知所措地学习。久而久之，孩子失去学习的兴趣而感到厌倦、枯燥，渐而丧失求知的主动性和积极性，使本来科学而严肃的"超前教育"被歪曲了，被片面理解了。这种不符合幼儿生理和心理特点的"超前教育"会影响孩子今后的学习，产生与父母愿望相背的结果。

心理学专家认为，三四岁的幼儿教育重点不在于智力潜能的开发，而在于创造一个平等、民主、融洽、合作、相互尊重、关心的家庭氛围，培养幼儿健全的人格、行为习惯与责任感。现在家长们盼着三四岁的孩子能快速地识字阅读，但认字只是幼儿早期教育中极小的一部分。专家还认为，如果幼儿智育得到了强化，但人格教育欠缺，其心理非正常发展，长大后，只能成为高学历的生活低能儿。因此，正确而科学的超前教育应该是一种建立在全面发展基础上的因材施教的超前，其目的本身不是超常或超前，而是使幼儿身心能够得到和谐的发展。超前教育的内容和时间都可以超前，但一定要根据幼儿的兴趣、爱好和精力而定，切不可由成人硬性规定和强求，对幼儿的教育一定要遵循循序渐进的原则，因为孩子的心智成熟要有一定的进程，在知识增长上，需要有自由思考的空间，一步一步地提高。在方法上要讲究科学性和技术性，在丰富而具体的日常生活中、在不知不觉中对幼儿进行潜移默化的教育，真正做到从兴趣中来，在生活中学，在快乐中获得超前发展。其中，最根本最重要的问题在于超前教育必须包括非智力因素方面的发展。

研究发现，在学术和往后事业上不断冒尖的少年大学生有着共同的特点：独立性强、自信、有毅力，在学习和人际交往、接触社会方面都有主动性，而那些最终流于普通的学生心理素质较差，难以承受挫折，生活自理能力较差。研究认为，这种差异是家庭对孩子进行不同教育带来的结果。有的家长觉得，要加快孩子成才，首要的是尽量多地把孩子关在家里灌输大量的知识或进行大量的训练，这样的孩子也许学习成绩好，但爱好却没有了，社会交往能力极差，没有主见。而那些独立性强的孩子却能在大学所提供的良好环境中如鱼得水，智力因素也得到了充分的发挥，所以，要想孩子成才，必须注重调动和发挥孩子的主动性，遵循儿童的发展规律，加以促进。超前教育强加于婴幼儿，短期似乎奏效，实际上是发展中的扭曲。出众拔尖的人才，在众多的人群中总是占少数，家长盲目攀比的心理，对子女过高期望所带来的弊端和危害，已为世人所熟知，理应从中吸取应有的教训。

随着社会的发展，竞争无疑会越来越激烈。因此，除了要求年轻一代熟练掌握现代科学技术知识外，还应要求他们具备好的思想素质、心理素质及健康的体魄。"超前教育"中的训练和灌输虽然能使人的智力得到一定的提高，但人的社会发展却得不到提高，"超前教育"为了某一方面发展而占用了社会发展的时间，这种损失是无可挽回的，有的知识技能现在不学，以后还可弥补，但社会性的发展错过一定的环境和时期是不可弥补的。家长应重视培养幼儿健康的心理素质和健全的人格，这才会使孩子更好地适应将来复杂的社会，成为社会所需的优秀人才。所以，家庭教育的首要任务是培养幼儿成"人"，成为全面发展的人，而不是通过"超前教育"单纯培养幼儿成为"高学历"的人。

王安石的《伤仲永》就是"超前教育"失败的例子。其结果不单单是其成名后不学习，更是才智开发过度没有潜力再挖掘而致的。因而，不少有识之士都不提倡"超前教育"，因为它既违背了孩子生长发育的规律，也违背了教育的规律。"超前教育"将孩子快乐美好的童年提前结束，这使孩子过早变成一个成人。我们应注重幼儿学前期的潜能开发，但不是人为超前地灌输，而是为孩子多提供机会，提供条件，把孩子放在主动发展的地位，在感兴趣的前提下，去充分发挥其潜能，这样的发展才是全面的。

德育目标素质化

新时期德育工作的方向应该是把思想道德教育渗透到学校各项工作之中，贯穿整个育人活动，充分发挥德育主渠道作用，形成全方位育人、全面育人的德育新格局。德育工作要有一个系统思想，德、智、体、美、劳是一个有机整体。研究德育，就是要研究各育最佳结合；实施德育，就是一个各育整体推进的过程。德育目标是全面素质教育目标的重要组成部分，它应与其他目标有机地结合起来，形成一个完整的目标网络，这样既定的目标不仅集中了素质教育对德育总体的要求，又落实在微观的素质活动中。

一、政治方向的突出与时代特色的形成

在教育改革和发展中，要始终把坚定正确的政治方向放在首位。这为学校德育培养受教育者指明了方向。德育有着社会制约性，青少年的思想品德发展首先要反映一定的政治经济和社会生活服务，因而从目标上确立坚持正确的政治方向是很有必要的，引导学生树立正确的政治思想观念，对当前如不良文化倾向的污染，市场经济价值取向变异以及一些生活中的负效应等消极现象，要有一定的鉴别能力与抵制能力。

德育要依照时代的需要标准，既要考虑在改革开放中积极开拓创新，吸收世界上先进思想文化，又要结合我国实际需要，保持良好的传统，形成一套富有时代气息的目标体系。要使受教育者具有鲜明时代特色的品质，就必须重视继承和发扬中华民族优良道德和革命传统美德，把爱国主义、集体主义教育贯穿在德育活动的每一个环节里，加强以培养对国家对民族的责任感为核心的健全人格教育，促进受教育者在思想道德、心理素质方面的发展，以便能适应新时期的需要。

二、注重开发学生主体性

长期以来，教育中片面追求升学率渐而异化为"应试教育"，这是背离教育的基本规律的做法。素质教育转向过程，实质上是对以往陈旧、落后的教育做法进行更新的过程。发展学生的全面素质，发展学生健康的个性，应是德育目标素质化中育人方面的一个体现。目标的制定，将从理论上为学生发展个性提供有利的条件，呈现出现实中的生长点，与素质教育总的方向一致，使每一位学生的潜能都得到有

效开发，让学生尽可能展示出自己的个性。

学生的主体性开发是目标素质化的重要内容。学生是否主动、积极、自觉地接受德育影响是德育实效的关键，这要求德育注重理性诱导，激发学生思维活动，引导学生比较、分析、鉴别一系列启智活动，来优化德育活动的进程[1]。如体现在教育方式上，应从以往形成的封闭式、单向灌输的空洞说教中解放出来，转到全方位、开放式的双向交流上，克服狭隘的传统模式，确立学生在德育活动中的主体地位，让学生直接参与到教育教学活动中。学生将在启发引导下，完成激情—明理—导行的全过程，充分发挥自主性、积极性和创造性，这既符合青少年学生的心理需要，又启动其自主学习的内部机制，为学生个性发展、潜能开发提供更多的机会。

三、德育目标内化与自我教育的统一

教育总是要把反映特定生产关系的政治信念、思想意识和道德理论内化为受教育者的政治信仰、思想观念和道德品质[2]。内化现象在实施德育中首先表现在将目标内化，是受教育者对德育自我要求的主动反映，它是在内驱力作用下促成的，可以说是一种表现进取的行为或心理活动。德育目标的内化是德育工作起始的一步，尤为重要，如果德育目标不能内化为学生的自觉需要，一切努力都是没有意义的[3]。

处在成长中的学生，对一些政治思想和道德观念的内涵，或者未能理解，或者未能在实践中得到印证和体验，再加上青少年学生正处于"心理断乳期"，意识的独立性、批判性增强，所以从内心上难以接受甚至产生逆反心理，这无疑影响其对目标内化的程度，于是要正确诱导学生加强自我教育，与德育目标的内化统一起来。学生对既定的目标进行内化时要进行一番识别判断活动，联系并对照道德实践，依据已有的道德认知进行判断抉择，对社会道德作出正确的分析，进行合理的自检，这就是培养道德自我教育能力的过程。自我教育在德育过程中占有很高的地位，苏霍姆林斯基曾说过，"对个人的教育离开自我教育是不可思议的"。德育目标内化过程中的自我教育活动，也是符合学生思想品德形成的规律的。德育目标制定要考虑到自我教育意识培养，在其反复性与统一性的过程里，逐渐发展和完善人的个性。这种做法也为素质教育在德育领域内推进发展开辟了新的通途。

1　金维才. 论德育的启发式与德育实效 [J]. 教育理论与实践，1997（3）：39-42.
2　潘懋元，王伟廉. 高等教育学 [M]. 福州：福建教育出版社，1995：264.
3　张秀红. 德育目标内化的特点及信息运用艺术 [J]. 中国人民大学学报，1996（3）：108-112.

四、德育目标具有适宜性与层次性

德育工作要讲究实效。这种实效可视为检验预期目标任务的达成率与完成率，是一种在受教育者身上表现出来符合德育目标任务的有效度与信度的信息和事实[1]。这种实效性又直接体现在目标的制定上。以前教育者制定德育目标时照搬国外的经验模式，脱离了我国社会实际、人们的道德文化基础，出现要求过高过空的状况，给德育工作在目标认识上带来了现实的盲点。

德育发展要把握一定的适宜性，这决定了目标制定要有具体的步骤、层次，目标内容和要求从最基本的开始，由浅入深，从低到高，逐级提升，实施中也就显得有条不紊。目标在发展中应遵循转向—达到—转向的规律，从现状出发又不止于现状，直线递进目标不断地发挥引导性与过渡性作用，循序渐进中有利于德育过程中知、情、意、行各环节对受教育者进行适度的内化。

目标设计要考虑量度相应。学生的德育教化应有一个度，因而设计目标内容要与学生的认识能力、知识基础相适应。目标过低，缺乏指导意义；目标过高，流于空泛。学校在制定德育目标时应根据不同年龄段的学生心理特点、思维水平和认知规律，针对学生人生观、价值观、道德观及思维方式上出现的新特点，从培养跨世纪人才着眼，抓基础项目入手，分阶段、分层次制定德育目标。

1　李春玉．试论德育实效的涵义与特征 [J]．中国教育学刊，1996（2）：10—12.

艺术教育与全面发展

在当前全面实施素质教育的过程中，艺术教育对促进中小学生的全面发展起着非常重要的作用。尤其是对于正处在成长时期的中小学生来说，以音乐教育等架构的艺术教育将直接影响他们的智能、心理、品质以及行为能力等方面的发展。

一、艺术教育能够培养学生的思维能力

心理学研究表明，音乐教育对人脑潜力的开发有着极其重要的作用。人的左右半脑功能各异，左半脑侧重逻辑思维的运行，右半脑主管形象思维和记忆功能，使左右脑得到均衡发展是开发人脑潜力的重要途径，而音乐教育实质上是对学生的形象思维进行锻炼和开发，因而十分有利于人体右半脑的发育。美国心理学家费朗西丝·罗斯特曾经做了一个历时 8 个月的对比实验，发现"音乐教学能改善儿童的空间智力"，接受音乐教育的儿童在影响科学概念发展的空间智力上平均提高了46%，同时在语言记忆力和反应速度上也有明显提高。

在音乐教育活动中，学生们无论是唱、奏、听都要求注意力集中，而且要调动记忆、想象、思维以及感情等各种心理过程积极参与，即所谓"全神贯注"。教学中学生演唱或视谱的过程实际就是训练集中注意力的过程，而且知觉和动作要相互协调，既锻炼了学生注意力的集中和分配，也使学生通过读谱与视唱记忆的训练，提高了学生反应力的敏捷程度和整体记忆能力。正如法国文豪雨果曾说过："开启人类智慧宝库的钥匙有三把，一把是文学，一把是数字，一把是音乐。"

二、艺术教育能增强学生的想象能力和创造能力

21 世纪人才最重要的素质就是要具备丰富的想象力、强烈的自我表现力和非凡的创造力，中小学艺术教育给学生提供了自我表现和发展创造力的机会。

音乐的主要特点是没有直观的形象，而音乐形象的体验主要存在于人的想象空间中，人要以自身独特的思维方式和思维习惯，特别是运用形象思维把感觉、情感和理性相结合。在基础音乐教育的过程中，要真正实现让学生的思维方式逐渐由聚合性思维转向发散性思维，通过表象去创造对象与完成作业，经过体验促进顿悟，

最终对音乐的感受得到理性的升华。

想象是一种特殊的心理功能，没有想象就没有意境，也就不会有艺术美的创造。音乐作为声音是非具象性的，也就是说，音乐既看不到又摸不到，不像雕塑或建筑那样存在于现实空间而"凝固"在那里。音乐表达具有不确定性，音乐形象兼具多义性，因此不同的人对相同的音乐会产生不同的感受，即使同一个人欣赏一段音乐，每次的感受、产生的情感体验也都不尽相同。在中小学音乐教育中应充分了解和掌握这些音乐特质，为学生提供最大程度驰骋想象的创造空间，使学生在联想、想象的创造性活动中发展自己自由而丰富的审美想象力，培养发散性思维（求异思维），发展个性，并逐步形成创造性的思维方式。

三、艺术教育是学生品德教育的有效载体

艺术教育能根据具体的社会现状和道德标准来选择性地确定教育内容，能塑造和培养学生具有符合社会道德需要的思想品德，从而提高学生整体素质。

加强爱国主义、集体主义教育等德育工作，是素质教育的重中之重，而艺术教育由于其自身特有的审美价值和娱乐性，可以把很深刻的政治思想内容加以通俗化，并以寓教于乐的形式表达出来，以"随风潜入夜，润物细无声"的渐进方式进行，从而摒弃了空洞的政治说教、生硬的"填鸭式"教育。通过丰富多彩的音乐艺术活动调动学生兴趣，真切地触动学生的心扉，从而进行潜移默化的德育渗透，让学生在喜闻乐见中明是非、知善恶、辨美丑，这是其他教育手段所不能比拟的。

《礼记·乐记·乐象篇》记载"乐者，德之华也"，认为听觉艺术音乐可以培植人的修养，提高人的品位，净化人的心灵。音乐教育在陶冶学生情操之时，又以音响为表现手段，构成了富有动力性结构的审美形式，通过诉诸心灵的声音并作用于人的情感，以引起人的共鸣，接受某种道德情操、意识观念的熏陶，促使学生逐渐趋向完美的境界，充分发挥基础音乐教育本身固有的特点，必将会使学生的心灵得到洗涤以及智慧得到升华。

四、艺术教育能培养学生的社会实践能力

通过音乐教育，学生能在一定程度上提高自己的社会实践能力，主要表现为通过音乐教育活动，学生获得社会支持的人际交往能力，发挥个人特长的组织能力和

增强心理素质的适应能力。

音乐架起了语词和非语词之间，以及严密逻辑和情感间的桥梁，促进了人们的理解、交流与沟通。音乐实践活动主要表现为群体活动，要求学生具有良好的与他人、与社会交流融合的素质和能力，通过共同参与的形式来使学生的思想得以互通和交流，有力地增强自我表达的内涵。无论是在合唱或合奏中，协作配合都是非常重要的，即使是独唱、独奏也要有与伴奏的合作关系，要有与观众的呼应关系。学生在组织参与中有利于形成具有统一意志和共同感情的团结集体，有利于培养学生遵守纪律、协调一致的集体主义精神。

合作意识被称为未来人才的三项主要素质之一，音乐教育中通过一些教学、演出活动，以轻松、和谐的方式，有效地改变一些以自我为中心的"内向型"学生的封闭心理状态，有利于学生个人心理健康发展，提高了人际交往能力，同时也增进了集体观念和荣誉感。

从事音乐活动时，学生的思维活动与行为活动都体现出专心、沉着、执着、坚毅等作风和态度，一定程度上也是在增强学生的心理素质，培养学生对学习、生活的适应能力。

五、艺术教育能培养学生正确的审美观

音乐是通过有组织的声音所构成的形象直接表达人的思想感情、反映生活的艺术，许多音乐艺术作品的深层次内容都蕴藏其中，以独特的情境来诱发学生自由地想象，因而具有较高的审美价值。音乐审美观的确立，是在欣赏音乐实践中逐步培养、形成的，大致要经历感性阶段、理性阶段和共鸣阶段。

中小学音乐教育还是一种有目的、有组织、有计划的积极影响人、培育人的教育活动，其主要内容就是让学生学会欣赏音乐，逐步对音高、音强、节奏、调性等音乐词语有比较敏锐的感受，渐而体会歌曲的艺术形象，理解歌词的含义，把握歌曲表达的情趣与风格，深刻地理解认识，运用生动的情感进行体验，真正地掌握音乐欣赏方法。

通过教师对典型音乐的剖析，在引导中分析歌曲的动机、主题、旋律手段等整体性的音乐结构，逐步建立对音乐作品以及音乐表演的质量效果的评价标准，从而树立正确的音乐欣赏观点，对多姿多彩的旋律、千变万化的节奏、和谐动人的和声以及色彩各异的调性触类旁通，在理性的指引下引发更深刻、更明晰的情感体验和想象联想，从而激起情感上的共鸣，实现由感性到理性的飞跃。通过欣赏活动，学生可以借助想象展开广阔的思维天地，丰富了音乐知识，拓展了音乐视野，把乐曲中的感情全部转化为自身的体验，获得审美愉悦，从而提高音乐的鉴赏能力和培养审美感受能力。

体育促进心理健康

体育运动对心理健康产生积极的影响。体育在帮助学生改善心理困扰、纠正心理缺陷、克服心理障碍、开发心理潜能、提高心理品质等方面，具有其他学科无法替代的特殊作用。

一、改善机体健康状况，为心理健康提供物质基础

体育运动最大的特点，就是通过身体运动的方式直接改变人在安静状态下生理、心理活动方式，促使身体各机能系统进入积极活动状态，从而使全身血液循环加快，各器官处于高度兴奋和活跃状态，把安静时处于长期关闭状态的毛细血管、肺泡、肌纤维和神经细胞尽可能地激活起来，从而使各器官的血液获得充足的氧气和营养物质。健康的机体、良好的神经系统和各部分机能系统是人的心理发展的生理基础，也是保证人们心理健康的一种物质前提。

二、调控情感情绪，及时发现和消除心理障碍

情绪是心理健康的晴雨表，学生在体育活动过程中的行为、表情、意志等外在表现是其心理状态的真实反映，在运动中很容易发现存在不同心理障碍的学生。体育锻炼可以减缓和治疗某些心理障碍和心理疾病，使紧张、忧愁、焦虑、压抑、沮丧等不良情绪得以宣泄，使人轻松愉快、心情舒畅。研究表明，运动锻炼能改善人的心理状态，消除心理障碍和治疗心理疾病。美国一位心理学家曾对学生进行跑步项目试验，发现跑步能成功减轻学生考前的焦虑情绪，经常参加体育活动的人普遍体会到打球、跑步、练拳等会使紧张的情绪得到有效的放松。

三、培养良好心理素质，促进意志品质和性格特征的发展

体育通过教学和各项竞赛等活动形式，采用共同认可的方式和规则，进行超越自我的竞争活动。学生在这一过程中体验生命存在的价值、生命延续的价值和超越生命的价值，承受挫折与失败的能力得到锻炼，这有利于培养学生的纪律性与自制力，培养勇敢果断、坚毅顽强的意志品质，培养公平竞争与创新意识以及团结协作与开拓进取的精神。这些都是心理健康不可缺少的。

四、发展认知能力，提高社会适应能力

人们通过运动可发展认知能力，减少认知障碍，改善人对环境的适应能力。从社会学角度看，体育游戏、竞技体育和体育竞赛实质上是社会生产和生活的一种模拟，体育精神是现代社会精神的缩影。在这些活动中，学生将获得成功与失败、优势与劣势、群体与个体、合理与不合理等种种体验，将对学生情感的陶冶、人格的塑造、人生观和价值观的确立起到促进作用。

小班化教育

小班化教育，旨在秉持"面向每一个学生的个性发展"核心理念，充分利用和优化配置现有的教育资源，强调对每个学生因材施教、适性发展，优化教学过程方法，改进教学组织形式，提升教学策略和效率，使学生得到充分、和谐发展的优质教育，对于推进素质教育的深入实施，提升教育教学质量具有深远意义。

开展小班化教育，首先要做好校情分析，面对现状，寻找、挖潜与探索科学有效的教育模式与教学方法，实现学校优质资源的协同聚合与发展瓶颈的突破。

一、实施小班化教育是教育发展的需要

随着经济社会的快速发展，人们追求优质教学资源、教学条件的愿望越来越强烈。实施小班化教育，能让学生充分享受各种教育资源，增加接受教育的机会，有助于短时间内提高学生综合能力，满足家长的需求。

教学形式的变迁经历了个别教育阶段与班级授课制占主导地位的课堂教学阶段。班级授课制提高了课堂教学的效率，保证了教学的计划性和教师的主导地位，发挥了班集体的教育作用。但单一的教学模式，使学生缺少学习的兴趣，只是机械地接受知识，严重抑制了学生的智力开发和创造思维的发展；忽视了学生个性的差异，教学只停留在中等学生的水平上，学习能力较差的学生和学习能力较强的学生都得不到满足。实施小班化教育后能较好地解决以上存在的问题。

二、实施小班化教育是实施素质教育的需要

由于学生人数的减少，每一个学生都能得到老师的关注，不同层次的学生都能得到老师的辅导；班上同学都能在充裕的空间和时间充分活动，个性能得到更全面、更和谐的发展，真正做到师生互动、生生互动，激发学生的聪明才智，发展其创造的能力，这正是素质教育的内涵。

实施小班化教育，首先体现为教育观念的变革，其实是对传统教育形式和教育模式的一场深刻变革。具体来看，一是积极探索实施小班化教育的有效途径，提高学校和教师实施小班化教育教学的能力和水平。二是积极开展教育教学改革，采用科学有效的教学组织模式，进行有效教学，提高课堂教学效率，加强"自主与合作"学习和个别指导，注重全体学生的学业以及综合素质的提高，有效促进每个学生全

面而有个性地发展。随之构建平等、民主、合作、和谐的师生关系，创建课堂教学的新模式。三是加大师资培训力度，建立教师专业发展机制，全面提高学校管理者、教师的小班化理论素养和操作能力，建设一支胜任小班化教育教学工作的优秀师资队伍。四是建立和完善符合小班化教育的监控、管理、评价体系，充分发挥对小班化教育改革的引导和推动作用，尽快形成导向、管理、增效的良好局面。五是优化教育资源配置，规范学校办学规模和班级人数，合理调配师资力量，改善办学条件，创设良好的小班化教育环境。加快学校硬件装备和现代教育技术的建设，实现教育资源最优化，使用效益最大化。六是加大教科研力度，加强针对小班化有效教育教学的实践性、应用性研究，坚持理论创新，不断总结实践经验，给小班化教育改革提供理论支撑和现实参考。

转化后进生

　　长期以来，由于人们受传统的、片面的人才观的影响，基础教育在应试教育的模式下渐而被异化为选拔少数尖子生的教育，这种片面的评价制度忽视了教育的主体，尤其是一些学习后进生，被人们甚至是个别教师视为"朽木不可雕"，放之任之。

　　其实，后进生除个别属先天性不足的智力障碍儿童外，绝大多数是由于非智力因素影响暂时处于学习后进状态的，这虽属学生个人的主观努力不够，但也侧面反映了当前教育工作的到位情况及绩效如何，只要教师别具匠心地对他们给予更深一层的热情关怀、耐心说教和精心指导，为其树立上进的信心，是完全可以摘掉后进生的帽子的。

　　当前推行的素质教育就是要求学校教育要面向每一位学生，注重学生的主体性开发。教师要用全面发展的观点看待学生的成长，而单纯重视暂时的、表象的教育效果是片面地看待教育作用，因为教育对象中毕竟存在个性的差异。

　　实施素质教育需要将转化后进生纳入工作内容当中。这就要求我们首先要明确职责，转变观念，提高自己的立足点，清楚认识到转化后进生和培养优秀生具有同等重要的作用，并对稳定教学秩序、整治社会文明有着不可估量的意义。其次要对学生后进情况进行分析，合理归因，制订针对性转化方案。学生后进的原因是多种多样的，其表现行为也是不同的，切不可视为一个模式去统一对待，因而教育工作者要在细心观察、了解和调查其兴趣爱好、个性特长、家庭情况和社会生活环境情况的基础上，科学地分清类型，区别对待，才有可能针对其症，因人施教，达到较好的教育转化效果。

　　为促进后进生的转化，有效地改变其后进状态，应该力求做到四个"一点"：

　　学习指导优先一点。学习后进的原因多为基础差、方法不当、信心不足。为了减轻他们的心理压力，可让其"笨鸟先飞"，提前进行学习指导；在课堂教学中要注意同步性和针对性，以一位典型的后进生能否弄懂为参照标准，不要盲目地赶进度；对于学习方法不当的，让学习好的同学与他结对子，传授学习经验和方法，做到"我们与你同行"，并督促其留心自己积累学习经验，不断地进行总结提高。

　　锻炼机会多给一点。尽管后进生有这样或那样的缺点，但是不能说明他们在别的方面就没有特长和能力。我们要充分地创造机会为其施展才华，激励他们不断积极进取，以此诱发学习的积极性。我们要抓住后进生具有的某种优势，特别要善于捕捉后进生的闪光点，哪怕是发现一点微小的进步，都要即时地加以表扬，使他们能体验成功的喜悦，时时感到有老师和同学们的关注和期望；也可以安排后进生担任班级干部或组织课外活动，让其感受到自己有着被信任感和器重感，作为一种价值的认同，培养他们的自信和上进心。

感情投入增加一点。大多数后进生心理上存在着自卑感和孤独感，自以为不如别人，对教师和同学情感淡漠，对于这样的学生，教师绝不能歧视他们，而要以微笑的面孔主动与他们进行感情交流，即使他们犯了一般性的错误，也可以不直接批评，改用暗示、启发的方式，这样可避免再损伤他们本来就比较脆弱的自尊心；"动之以情，晓之以理"，多倾注爱心，增加感情投入，从心理上进行沟通，为其排忧解难，用真诚和爱使其切实感受到学校、班级的温暖，感受到师长的关怀和期望。

耐心说教持久一点。对后进生转化工作既要细致又要有耐心，最初的转化工作是很难立竿见影的。后进生无论是在思想上还是在学习上要进行一个大转变是需要一个时间过程的，因而我们要因势利导，帮助他们从易到难，循循善诱，扎扎实实地提高；教学中要有意稚化自己的思维，把握住后进生认识问题的能力来安排教学进程，在教学指导上难免还要反复多次，必须有一定耐心，做到诲人不倦，只有逐步地通过这些措施促使他们变被动教育为自我内化，启发自觉，才能达到事半功倍的效果。

班主任的教育切入点

当前中小学素质教育的全面实施，给班主任工作拓展了新的领域，使班主任在素质教育中的地位显得愈发重要。

一、积极正面引导，树立良好班风

班风是以班主任为首的班集体在思想觉悟、道德品质、意志情感诸方面的具体表现，它是班集体长期形成的情绪上、言论上、行动上的共同意向。可以说班风就是学生生活学习的第一种软环境。"近朱者赤，近墨者黑"，只有良好的班风，才能对陶冶学生情操产生积极的潜移默化的影响，促进学生各项素质的提高。

班风不是固有的，是班主任和学生共同营造的，只有加以正确的思想引导才能形成良好的班风。班主任抓班风建设，一要引导，也就是要从满足学生成长需要出发，从情感上引导入手，力促自我、自信成长。二要激励，要激发学生的每一个成长点，善于发现学生成长的优势，确立进取的目标，建立素质竞争机制，发挥学生的特长，启动学生成长的动力。激励要面向学生、信任学生，以热爱每一个学生的教育情感为激励学生的桥梁。三要以身作则，班主任要率先垂范，身教重言教，因为教师的一言一行直接影响学生的思想塑造。

二、传授学习方法，培养创造思维

著名教育家陶行知先生说过："所谓教学，不是教书，不是教学生，而是教学生学。"现代教学思想进一步揭示出教师就是帮助学生学习。古往今来，善于学习的人，不是要求老师给予"黄金"，而是希望掌握真正的"点金术"。学会学习是一种基本素质，指学生掌握系统的学习方法，能独立地获得知识，并转化成能力，这将使受教育者一生受益。

为了引导学生学会学习，班主任要摒弃当前教育中存在的把学生思维空间限制在教师思维的框框内的弱点，使学生一改被动接受地位，培养其创造性思维。同时要充分发挥学生学习的主动性，班主任必须深入地分析了解学生，根据学生的兴趣爱好发挥他们的优势，鼓励学生对问题分析"独辟蹊径"，探寻学习的最佳方法。

三、增强民主意识，实行自我管理

一般来说，班主任的职责概括起来有两项，就是通过管理和教育使学生学会如何求知和做人，而做人是一切的前提和基础。在班级工作中推行民主管理，实行自我教育是锻炼学生学会做人的最佳途径。

结合国家、学校针对学生制定的各种规范、守则，在充分发扬民主的基础上，与学生干部共同制订涵盖学习、生活各方面的量化管理制度细则，再让每一个学生制订自我计划，进行自我管理。学生干部采取自建和推荐相结合的办法，定期轮换，给每个人都提供参与管理的机会，班主任在工作中有意着力培养学生的自我教育、自我管理能力。每项工作开展前把学生组织好，给学生干部压担子，放手让他们去做，在学生遇到困难和挫折时加以引导、指点和支持，每周利用班会进行讲评和总结。开展民主管理，强调把管理权交给学生，班主任将管变为导，扮演场外指导的角色。还可以从调整师生关系入手，建立民主平等师生关系和团结协作的同学关系，促进多数同学树立正确的学习态度，努力营造一种催人求索和不断上进的氛围，并逐步转化为班风。

自我管理，可以使每个参与管理的学生的素质得到进一步提高。一是使其思想觉悟得到提高，身不正则令不行，通过管理别人会使其各方面工作的自觉性和积极性进一步加强，自理、自律能力得到培养；二是通过协调、组织和发动学生，其组织能力、社会交往能力不断提高；三是通过管理工作，学生认识到许多知识是书本上所没有的，只有从社会生活中去学，才能开阔视野，进一步丰富自己的学识。

四、激发学生个人潜能，培养造就各式特长

学校没有升学压力，学生有较为宽松的学习环境和较多的属于自己支配的时间，班主任应通过引导，努力营造一个充分发挥自己个性特长的氛围，这是素质教育对学校和班主任的一项具体要求。

成立各种小组是培养学生特长的最佳途径，如成立美术组，利用黑板报这一园地，培养书画、广告创意方面的特长；成立艺术组，提高学生的音乐素养和审美情趣；成立文秘组，通过小型的新闻报道提高学生的写作能力，培养出本班的小作家；成立交际组，提高学生的演讲水平和口语表达能力，培养公关型人才；成立维修组，负责本班各类用具器材的修理工作，提高学生的动手能力；成立体育组，培养有体

育特长的学生，带动全班体育活动的开展，提高学生的身体素质。这些班级群体活动，活跃了班级文化生活，增强了学生的集体荣辱感和凝聚力，同时也给学生创造了一个延展个性的良好环境。

另外，培养学生自主意识和树立竞争观念，班主任应引导学生克服依赖心理，培养良好的心理素质，使学生懂得只有通过竞争才能找准坐标，实现自身价值。

教学过程管理

提高教学质量一方面取决于教师队伍的自身建设，另一方面不可忽视对教学过程管理所发挥的作用。当前中小学在实施素质教育进程中，要切实遵循教学规律，强化教学过程管理，精心组织协调，充分发挥其对教学的指向作用和激励作用，使教学工作逐步科学化、规范化，不断地促进课堂教学和活动教学质量的提高。

一、强化目标意识管理

教师的思想观念直接指导着教学行为。在素质教育实施工作中，作为教学一线的教师，必须要有清醒的认识，要树立正确的素质教育质量观和人才观，对以往陈旧的教学思想进行反思，渐而树立现代教育观念，在具体教学中突破当前课堂教学普遍存在的大容量—低效率—低质量的恶性循环圈，通过传授知识，侧重能力培养，处理好掌握知识与发展智慧才能的关系，不断地减轻学生负担，把素质教育落实在课堂教学中。学校要从宏观上加强目标意识管理，着重加大对教师的教学思想方面的指导，建立和健全教学管理系统，充分发挥教研组作用，制订切实可行的教学工作计划体系，按照目标设计、策略执行、反省调控、效果核查等科学程序来进行管理，确保教学工作具有明确的方向性。

二、促进课堂教学改革

多年来，我国中小学课堂教学模式单一，教学方法陈旧，无法适应当前教育发展的需要。学校在教学管理上要重视这个问题，导向性地进行反思与纠偏，要以教学改革为突破口，引导教师大胆创新、锐意进取，不断探索新的课堂教学模式，改变过去单向灌输的模式，注重发掘学生的参与意识，强调师生互动合作，发挥教与学的双边能动性，科学引导学生思维活动，增强实践活动量。就指导学生的学习方法这个层面来看，要授之以渔，着眼于最基本的思维方法、思维规律的训练和培养，使学生在不断学习和训练中养成科学的思维习惯，要特别注意指导学生总结学习过程，从而掌握学习知识应遵从的规律，自然摒弃一些思维定式，形成较为科学的方法，培养学生的自我意识和规律体验。教师要重视对整个教学过程，尤其是思维活动、实践活动的引导和监控，紧紧把握课堂教学的主线和核心，调整教学节奏，追求时间与效率的最佳比率。学校要加强课堂教学的宏观调控，通过听证与反馈，建立适合学科特点的课堂教学模式。

三、加强教学手段管理

运用现代化的教学手段是实施素质教育的有效途径。教育心理学表明，运用好的教学手段，可使学生接收信息的掌握量和贮存量比一般教学高出一倍，甚至还不止。我们目前使用的现代化教学仪器，都是有着良好的教学效果的。因此，运用多种现代化教学手段，使学生通过各种器官接收信息是提高课堂教学质量的有效方法。它不仅可以最大限度地激发学生的兴趣和注意，便于学生存储和记忆，而且可以激发学生的联想与创造思维。教师应根据课堂教学的需要，适当地采用幻灯、投影、录像、电视、多媒体等辅助手段，使学生在直观形象教学情境下接受知识，培养思维能力。因而，学校要加强教学手段管理，组织教师筛选、制作有关声像资料和 CAI课件等，建立起各学科软件库，并逐步丰富扩展。引导教师广泛采用现代化教学手段，要求每位教师把掌握运用现代化教学手段作为一项基本技能，建立教师运用现代化教学手段的档案。同时通过多种方式考察评估教师运用现代化教学手段的质量，作为教学评估的一个要点，督促、引导教师使用现代化教学手段的自学性。

四、健全教学评价制度

目前，教育行政管理部门及学校管理层往往侧重于对学生学习成绩的评定，以此作为评估教学质量的唯一标准。这种评估的实施，一方面造成教师对效率、质量的忽视，导致教师为提高学生学习成绩而采取一些不当措施，如增加教学课时量，搞题海战术，这势必加重学生的课业负担，使实施素质教育成为一句空话。因此，健全教学评价管理，应该把教学效率纳入整个评估体系，进一步促进检查工作的客观性、全面性和真实性。具体实施要明确对课堂教学中时间、效率之比的具体考查和评估，明确对教师组织学生进行思维活动、实践活动及科学引导与监控的考察和评估。对教学效果进行质量分析，找出影响质量的有关因素加以控制，使教学工作处于最佳状态，充分调动全体成员的主动性和积极性，要求各司其职，协调活动。同时减轻学生的心理负担，使学生在宽松的环境中充分发挥自己的水平，这样，才能真正引导教师更新教学思想，优化课堂教学设计，乐于教研教改，切实落实素质教育。

绿色德育体系

中小学德育要改变以往德育对学生的枯燥说教、脱离实际、追求形式的现象，探索建立以学生为本，尊重和适应每个学生可持续发展，适合学校实际的德育体系。

一、创设和谐、生动、愉悦的教育环境

尊重教师、学生的个性发展，崇尚人文关怀，让班级成为提升师生自信和成就的天地，实现高质量的教育教学效果，建构民主、和谐、融洽的人际关系。着重研究与学生进行沟通的途径和方法，以建立良好的师生关系。师生的情感交流在三个平台上展开，即日常交往中的情感交流、实践活动中的情感交流、课堂教学中的情感交流，做到以境育情、以行育情、以教育情、以情育情，创建情感教育工作室，让师生有一个温馨的情感交流的场所。

二、突出绿色德育思想

关注每一位学生的心灵健康，还学生一个清新明净的心灵空间，让真善美滋润他们的心田。提升每一位学生的精神品质。把人作为发展的中心，接受教育不再只是为升学和谋生，更是为了个人能力的发挥和终身学习需要。张扬每一位学生的个性风采。先发现个性，再掌握个性，让学生的个性风采充分张扬。促进每一位学生的持续发展。坚持以人为本的发展为教育教学的出发点和归宿点，培养学生学会学习、学会交往、学会思考等终生发展能力。

三、绿色德育应该覆盖学生学习与生活的各个领域

重视"励志"教育。教育和培养学生成为志向远大、意志坚毅、品质敦厚、胸怀宽广、知识丰富、敢于创新的可持续发展的人才。

实施自主管理。让学生在自主管理中提高综合素质。让每一个学生都能在班级中发挥自己的特长，感受到自己在班级中的重要性，以及自己存在的价值。

建设班级文化。组建学生社团，丰富学生文化生活，创设积极向上、富有激励与人文关怀的小班文化环境氛围，通过活动来提高学生在校的"快乐指数"和"幸福指数"，为学生的可持续发展奠定基础。

开展体验式的实践活动。关注学生心灵成长，关注学生生命质量的教育。学校

德育活动的理念就是让学生在实践中体验，在体验中感悟，在感悟中发展。

建立学校、家庭交互的教育网络。积极开展对家长的指导工作，帮助家长树立正确的教育观和人才观，把对子女的期望同国家培养青少年的要求结合起来，用正确的观点和方法教育子女，发挥整体教育的功能。

重视心理健康教育。加强心理健康教育的基础建设和师资建设，关注学生的心理健康。班主任每周与学生的谈话面要达到100%，及时掌握和了解学生的思想动态，有针对性地进行教育指导。

第四章　教学启智与教育创新

☆ 课程的价值取向

☆ 双向互动教学

☆ 数学思维能力的培养

☆ 学科统整教学

☆ 语言运用与思维训练

☆ 音乐教育与儿童启智

☆ 考试心理焦虑的合理调试

☆ 以学习者为中心的教学策略

☆ 学生德育评价

☆ 教学＋互联网

课程的价值取向

　　课程的价值取向，既受客观的时代性影响，也受主观的认识论影响。课程价值取向在理论上可以归为两种：一是知识本位的价值取向。其主要是根据知识本身的状况与逻辑来组织课程，把教育建立在知识的本质及其重要性的基础上。二是社会本位的价值取向。课程是为每个学习者提供真正有助于个性解放和成长的经验，主张以满足社会的需要作为课程价值的基本取向。还有人认为课程价值取向主要是学生本位的价值取向。持这种观点的人认为，学校课程的价值在于重视人的存在，强调内在的学习动机基础。学习者不再被当作为适应外在需要而被动接受训练的对象，而是在学校和教师的帮助下，在一定阶段上自我实现的人。

　　两种课程价值取向形成了两种不同的课程决策，由此形成了几种基本的课程设计思路，即知识中心型课程设计、社会中心型课程设计、学生中心型课程设计。知识中心型课程设计，充分体现人类在漫长发展进程中所积累的学问、知识、技艺等系统知识。社会中心型课程设计着眼于使学习者掌握社会生活所必需的知识、技术、技能。这类课程又包括"社会适应"和"社会重塑"两类。前者主张由社会现状去寻找课程设计的目标，后者主张将社会现实问题作为课程设计的核心。这两种课程形态均依赖于社会分析，而绝非将学科或学生作为课程设计的依据，均强调社会实践活动或社会问题解决能力。学生中心型课程设计强调将学生的兴趣、需要、能力作为课程设计的核心，使课程适应学习者，反之就是不适宜的。

　　不过课程是个动态的教育现象，是随教育性质、教育对象和时代的不同而变化的，所以在具体实施时，人们习惯通过不同模型来实现课程的价值。美国学者将课程模型（或模式）分为四类，一是学科课程，以学科为中心，在选择和组织内容时注重各学科本身的内在联系，强调各学科领域的基本概念和研究方法，按学习心理和教学要求进行，具有很强的科学性、系统性和连贯性。二是合科课程（亦称"广域课程"），实际上是学科课程的改进类型。其特征是将几门相邻学科组合，既保留了学科课程分科教学的长处，又克服了学科课程分科过细的缺点。三是活动课程（亦称"经验课程"），是一种与学科课程相对应的课程，以学生自主发展为中心来组织教学科目。四是核心课程，以一个学术领域或主题为核心重新组织有关学科，从而形成学科之间的新联系，是一种介于学科课程与活动课程之间的课程类型。

课程模式的着眼点是与学校的办学观念直接联系。或者说，它们对校长们的办学思想有着潜移默化的影响。这些影响或通过教师的使用与发展等学校管理层面的问题显现出来，或通过学科教学计划安排与实施层面的问题作用于学校的办学特色。

有什么样的课程理念就有什么样的课程论，课程的具体性质又决定了课程理念。实际上，课程本来就是以促进社会进步为基本需要，以受教育者的身心和谐发展为直接目标，最终实现受教育者积极主动创造性地学习，从而使受教育者能成长为既能实现个人价值，又能促进社会发展的个体。

就课程实践来说，多样化的课程定义对课程实践的指导意义并不大，甚至会引起课程实践上的混乱。课程实质上就是实践形态的教育，课程和课程概念必须反映实践形态的教育。反过来，也可以通过对实践形态教育的把握和理解来揭示课程的本质。依据现代课程理念和《基础教育课程改革纲要》的精神，首先，可以从课程类型上把握课程概念的含义，学校中的课程按学生学习选择的自由程度可以分为必修课程和选修课程。按课程地位可以分为显性课程和隐性课程，显性课程包括学科课程、活动课程以及综合实践活动。隐性课程是指学校环境中的人际关系、校风校貌、校园文化、态度价值观念等。其次，可以从课程的物化构成上把握课程概念，即课程包括现代课程理念、课程计划、课程标准、课本、教学参考书、学生辅导用书、教学指南、补充材料、教学器材、多媒体课件、网络课程等。再次，可以从课程的实施过程来把握课程概念。课程实施是在一定的课程理念指导下，依据课程计划、课程标准的精神和目标，结合本地区和学校的具体情况，通过教学来贯彻实施的过程，它是课程的重要组成部分。课程计划与课程标准始终指引着课程实施的全过程，并在过程中得到检验和修正。最后，可以从课程评价上把握课程概念，课程评价既包括对课程本身的评价，也包括对学生的评价。学生的评价不仅仅是学习结果的终结性评价，更重要的是在学习过程中的发展性评价，包括认知、情意、个性等全面性的评价。依据评价为课程计划和课程标准提供回馈信息，以便课程计划和课程标准能更好地得到修正、完善和不断随着社会历史的发展而发展。

双向互动教学

新课程标准强调注重学生素质的全面发展，以促进学生的可持续发展为根本目标，要求注重学生的终身学习愿望及能力、良好的思维习惯与科学的实践能力的培养。随着新课程改革的不断深入，教学中，教师要明确自己的角色定位，帮助学生形成良好的学习习惯，激发学生的学习动机，营造接纳的、支持的、宽松的学习氛围。

在传统的教学过程中，几乎所有的教学过程都是教师事前设计的，这种教学看似学生也"动"起来了，实际上是学生顺着教师的思路，进行着教师心目中有序的表演。叶澜教授曾经就提出了"教育形态交往起源说"，对学校教育活动中使用的基本类型、教师在教学活动中使用的基本类型进行了详细的分析，在此基础上提出了"师生间的特殊交往活动"，认为"教学活动如果没有师生共享的教学经验及成果，就没有交往，就称不上是教学活动"。而双向互动的教学模式是指在教学活动中，使教、学双方都发挥其自身的主观能动性，以创建和谐互动的氛围，使教师的"教"与学生的"学"都更为有效，从而达到相互促进、共同完成教学任务的教学方法。其本质是强调教、学双方的平等交流，互相交流，共享课堂。

一、充分体现教师的主导性

尽管课堂的双向互动教学是双方的影响，但是教师"闻道在先"，教师的经验更成熟，他们在知识、技能、能力方面的发展水平远远要高于学生，因而负担着教学过程的组织者、引导者、咨询者、促进者的职责，教师是主体。中小学生受到自身身心发展水平的限制，难以做到自主地学习，教师的引导和帮助是不可缺少的。因此，双向互动教学模式即是以教师为主导的教学模式。

二、体现学生的主体性

以往课堂教学中尽管教师想让学生自主学习，发挥学生的主体性，但是由于受到教学活动计划性、预设性的影响，教师把教学活动看作是预定计划和方案的简单呈现。双向互动的教学模式不再完全是教师主导，学生跟着走，而是倡导学生和教师一起走，鼓励学生通过思维和协作获得知识。课堂上强调师生互动，相互砥砺与启发，共同研究与成长。学生是主角，教师是导演，师生共同演绎丰富多彩、鲜活生动的成长剧。在双向互动式的教学过程中，教师是知识的"呈现者"、对话的"提问者"、学习的"指导者"、学业的"评价者",而学生才是学习的主体、教学的中心。

三、体现课堂教学的开放性

双向互动教学是教师从学生发展的需要出发,让每一位学生开放成长空间,教师必须把它当成一种资源去开发和利用,充分发挥每一位学生的潜能,积极调动每一位学生参与到教学中来,密切关注学生的个性差异,允许学生就某一问题提出不同答案。通过交流,教师往往会发现学生提出了富有创意的方案,有些甚至比传统的、经典的方案更具有操作性,如果教师能适时给予肯定,不仅有利于学科教学的发展,更有利于学生创新能力的培养。另外,在中小学教学过程中,许多问题的解决并不是绝对的,教学策略也常常伴随着问题的变化而变化。这时教师可以根据生成的问题要求学生分析其中的原因,这样,不仅可以加深学生对知识的理解,对问题的探索能力,同时师生的思想情感能淋漓尽致地表达,故而更加自然真实。

数学思维能力的培养

在数学教学活动中，如何通过加强思维能力的训练，把现实世界的数量关系和空间形式反映到学生的意识之中，进而开发学生的智力，是一个重要的教学内容，也是当前素质教育所强调的人的潜能开发、心理品质培养的一条实施途径。教师在组织教学中要着眼于启发思维，创设教学情境，让儿童手脑并用，调动思维活动的积极性，促进智力的发展。

一、发挥教具作用，丰富感性经验

感性认识是思维活动的源泉和依据，人的思维是在感知觉基础上进行高级的认知活动。要开发调动思维，首先必须要有丰富的感性认识，在教学中可以借助实物模型、图片及各种教具或学具，通过取材于生活中常见典型的事物来直观演示，从而帮助儿童获取丰富生动的感性知识经验，引导他们理解数学知识概念性本质特征，锻炼数形思维。

例如，在要求低年级学生掌握"个位满10向十位进1"的计算法则教学中，可以利用小木棒来帮助演示：先把桌面划分为两部分，一部分代表个位数区，另一部分代表十位数区，将个位数区上的小木棒拿出，每10根捆成一捆，放在十位数区内，然后数一数小木棒的捆数就是十位数的值，凑不齐一捆的小木棒数就是个位数的值。这样将其概念形成具体化，儿童通过观察就很容易理解、领会。

教具在设计、制作上也很重要，教学中的演示要讲求动静结合，如用纸板做成的圆锥体，不仅静态是一个立体模型，还可以展开清楚地看见圆锥的表面实际上是一个扇形，这样其表面积如何求法也就显而易见了。在运用教具的教学活动中让学生自己操作，并参与演示，把动手动脑结合起来，会使学生有深刻的体会。例如，在讲"三角形的内角和概念"时，要让学生进行量、折、拼、算等一系列活动，由此也加深了感性认识，激发思维活动。尤其几何教学中要培养学生的空间想象能力，把图形模具让学生动手"摸一摸""剪一剪""拼一拼"，有着很好的启发思维的效果。

二、引导逻辑推理，培养抽象思维

儿童的思维处于由具体形象向抽象思维过渡的时期，教师在丰富学生感性经验的同时，要逐步引导思维逻辑推理。现代教育心理学指出，让学生认识世界更重要的是让学生学会如何对认知的信息进行思维处理加工，学会比较、分析和综合，有条理地对问题剖析思考，继而通过有效的示范，引导、训练学生的逻辑思维能力。例如，我们通过运算得知 15、60、105、1245、9000 等数字都是 5 的倍数后，能从中发现规律，逐渐归纳出尾数是 5 或 0 的数就能被 5 整除，这里对已有的认知经验的处理自然地运用了比较与概括的思维方法。

为强化理解和记忆，对掌握的知识要总结归纳，使儿童在脑子里形成规律性的认识。理顺知识的逻辑层次，有机地链接到已有的认知结构中去，能使儿童获得知识系统化，并由此萌发出向更深层次思考的欲望。

三、把握认知心理，平衡逆向思维

儿童在思维活动中一般都遵循教师指导的思维方法，因而在课堂组织教学中要注意到思维训练方法不能单一性，仅仅习惯从某个角度去考虑问题、分析问题，而必须从中点拨，从正反双向来进行思维活动，特别是运用逆向思维，培养对问题处理的周密性和整体性。

要使儿童牢牢地掌握数学概念，教学中可适当地运用变式与比较。将有关概念正常、习惯的形式加以变化，有助于排除无关现象，突出共存的本质特征，冲破以往的思维定式。如画三角形的高，可有意将斜边竖画在图上，这样可以消去学生总认为三角形的高与画面水平垂直的错觉。又如指导儿童学习乘法口诀时，要前后变换因数的位置，因为儿童尽管把口诀背得滚瓜烂熟，却不能随口答出 9×7 等于多少，运用了简单的变式训练后，可使儿童从中领会乘法交换律的属性。

四、拓展思维层面，启迪心智潜能

思维的发散性使人们思考问题可突破某种固定的方法。在教学中应该调动思维的多元触角，正向、逆向、纵向、横向全方位运动展开，对问题形成"立体式""剖析式"的思索。教师可运用"一题多解"的方式来鼓励学生对问题放开手脚，大胆地"突发奇想"，提出自己独到的见解，培养思维的广阔性。有位著名的数学教师曾提出"能等分平行四边形的直线有多少条"来训练学生的发散性思维，结果发现大部分学生很快就能作出通过四个角的两条和平行于四边的两条，即四条特殊等分线（如下图 1–4），善于动脑子的学生还发现有其他几种（如下图 5–8），这时他利用投影仪把学生所作的等分线进行图形重叠，屏幕上出现了所有等分线都交于一点的现象，学生受到启发得出了等分平行四边形的直线有无数条，即经过平行四边形中心的直线都等分该图形。

　　调动思维的活动积极性还可以"一题多变"或编拟题目，变条件、变结论、变内容、变形式，让儿童从中摸索规律，培养思维的深刻性和创造性。这些方法有利于发展儿童的求异思维、创造思维，提高思维的品质。

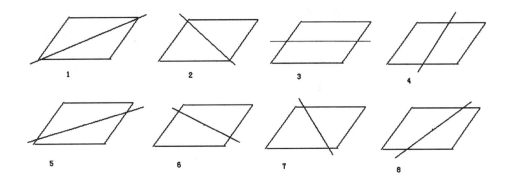

学科统整教学

［引子］女儿是小学二年级的学生，已经学会查字典了。她亦谙知"字典是位不会说话的老师"，每每学习生字，都遵老师的要求，在字典上先查一遍。

有一天，她说有了"新发现"。原来她发现字典上竟然有"〇"这个字。她把字典翻到这一页，说这就是0，不是字！又强调说，这不是语文字，而是数学字。

语文字？数学字？我理解她的表达方式与意思，无非是语文课学的，还是数学课学的，在孩子心中，语文、数学是两个学习的阵营，但语文与数学分属两个学科，是各自为政，互不相关的。

为什么孩子会提出这个问题和衍生了如此想法。其实，问题归因于现行的课程与教材。查找中小学教材中的知识点，不难看出，孩子的思维方式归根结底是课程与教材的设计上就给其限制了，语文老师讲授语文知识，数学老师讲数学概念，看似分工明确，结果却导致一些知识点的隔离。每个知识点也都被贴上无形的语文标签或数学标签。

清华附小近些年一直在推进课程改革，最为突出、最有成效的就数"课程整合"。其实，就是打通学科之间的界限，跨学科进行知识整合学习，融会贯通。这所学校大胆地取消了纯粹的单科教学，也就是他们的教学课程表上，没有单独的"语文课"或"数学课""美术课""音乐课"的字样了，而是采取整合课程的方式，如"文学与艺术""数字与科技"。笔者走进课堂听了好几节课，颇为惊讶的是，其中一位副校长傅雪松的"主题教学"课，正是解决孩子所说的这个问题。课程以一年级教学为例，教学内容是教孩子认识0到10各数。不过这些不是单一的阿拉伯数字，而是将汉字与其对应的学习。教师在内容设计上做了一个小组合，让人耳目一新。她从古希腊的数字起源、中国古代的算筹计数法、罗马数字的发展讲起，配合语文课中的古诗：一去二三里，烟村四五家……来开始数字认知的整合。

0	1	2	3	4	5	6	7	8	9	10
〇	一	二	三	四	五	六	七	八	九	十
零	壹	贰	叁	肆	伍	陆	柒	捌	玖	拾
	Ⅰ	Ⅱ	Ⅲ	Ⅳ	Ⅴ	Ⅵ	Ⅶ	Ⅷ	Ⅸ	Ⅹ

对于上述的教学，今天孩子们使用的课本，无论是苏教版，还是人教版，都依然语文是语文，数学是数学，三种数字（汉字）教学是各教各的，无法让孩子找到对应。语文的字，数学的字，这就是分学科而边缘化了两者必要的衔接。

这位老师在教学中并不由于知识点历史性人为地进行学科分隔而不顾，而是在课程设计时就考虑到学生学习知识的连贯性，积极打通知识点，把所谓的"语文字"与"数学字"两个体系一一对应起来（如图），并提及孩子们从小也要会用人民币，人民币上的汉字（如壹、拾）与阿拉伯字母的对应关系同时要清楚。后来又渐而加上罗马数字，因为许多钟表都使用罗马数字。如此对应的教学就自然具有现实意义了。

这个看似小小的课程教学改革，却涵蕴了知识的贯通与联结，其意义非凡。对于孩子们的第一次认知，太具有深刻与突破性了。可以说，即便在今天我们成人当中，还是有一些人对这些数字的对应关系或读写掌握得不是那么准确无误。

知识并不是分类越细越科学，尤其对于孩子来说，运用最为重要。应用为大，没有应用，停留在书本上的知识就是死知识，这样的教育再科学理性，显而易见也属一种无效的教育。

教育要与生产劳动相结合。我们的教育，是要教给孩子生活中要用的知识，让孩子学习有用，绝对不是把学到的知识放在箱子里藏起来。

语言运用与思维训练

语文教学中，听说读写是进行思想交流的基本形式。听说读写是凭借语言的一种交流，而实际上语言承载着思维的信息，是语言和思维在共同起作用。同时教学中听说读写又是语言和思维得以外化并进行思想交流的基础。因而听说读写和语言思维是相辅相成的，在实际的教学中就应该将语言和思维的训练同听说读写密切地结合在一起。

一、在听说读写的过程中突出语言和思维的训练

语言是人们交流思想的工具，听说读写的能力提高了，整体的语言能力也就提高了。但听说读写这四种能力是由语言能力和思维能力决定的。无论听说，还是读写，它所表现出的还只是一种外在的能力，而决定其内在的、核心的东西是学生实际的语言能力和思维能力。在语文教学中，不能单纯地训练听说读写的能力，而应该重视语言和思维的训练；也不能把听说读写的训练和语言思维的训练看成同一层面的东西，而应该以语言和思维训练为核心，去带动听说读写的训练。

语文教学中要体现语言和思维训练的作用。以往我们易进入一个误区，即认为只要让学生多听多说多读多写，听说读写能力便会提高。事实证明，如果忽视了听说读写过程中语言和思维的训练，一味地强调学生多听多说多读多写，则必然事倍功半，不能收到好的效果。比如阅读，即使每篇课文学生都可以背出来，但生吞活剥，不求甚解，既不懂得文章的语言好在什么地方，又不懂得在当时背景下作者是如何思考问题的，学生仍然不会学到东西。语言和思维能力的提高要靠听说读写，但只有在听说读写过程中有意识地强化语言训练和思维训练，语言和思维能力才能提高。比如写作，如果不在语言和思维方面提出要求，学生当然也要思考，也要用语言来表达，但毕竟是不自觉的、盲目的，进步也必定是缓慢的。因此，要在听说读写过程中有意识地突出语言和思维的训练。在语言和思维两个方面提出明确的训练目的和要求，提出具体的训练方法和措施，通过听说读写活动使学生的语言和思维都得到很好的训练。

二、做好知识和经验的积累

语言和思维发展要重视知识经验的学习和积累。知识经验是思维的材料，思维

即是对知识经验的认识加工。如果学生写作文,头脑空空,既没有感性的生活经验,也没有理性的知识材料,谈何思维? 正因为知识经验对思维起着重要的作用,所以既不能只重视知识的传授而忽视思维的训练,也不能脱离知识经验而孤立地去搞思维训练。只有重视学生知识经验的学习和积累,才能从丰富的思维材料上为思维发展创造必要的条件,这才能真正体现语言和思维的重要作用。为此,在教学中首先要让学生养成平时勤于观察、留意生活的习惯,注意积累感性的经验。同时,要让学生在观察中勤于动脑,学会分析事物,并能用准确的语言把所见所闻表达出来。这样,学生的感性经验丰富了,语言和思维也得到了训练。其次是要让学生养成自觉阅读的习惯。注意积累知识性的材料,让学生有东西可写,有内容可思考,必须重视扩大阅读量,并在阅读中勤于动脑,多加思考,向作者学语言,学思维。这样,学生的知识材料丰富了,语言和思维能力也得到了锻炼。

同时,协同非智力因素的发展也非常重要。教师在教学中要充分调动学生的积极性和能动性,激发学生的兴趣,学生便会处于主动状态,语言和思维的训练自然能收到好的效果。要注重情感的发展,记叙文和文学作品的阅读和写作都离不开情感性的语言和情感性的思维,如果学生的情感不能得到健康充分的发展,那么他们的情感性的语言和思维的发展也必然会受到限制。所以为促进学生语言和思维的发展,我们还必须重视非智力因素的培养。

三、处理好语言训练和思维训练之间的关系

要体现语言和思维训练的作用,关键还在于处理好语言训练和思维训练二者之间的关系。在总体要求上,我们既要防止脱离思维训练而偏重于语言训练的倾向,也要防止脱离语言训练而偏重于思维训练的倾向,要做到两种训练的有机结合。语言训练之所以要同思维训练很好地结合,就是因为学生的思维对语言的发展起着重要的作用。例如学生作文中出现的用词不当或句子不通的问题,从形式上看是语言的问题,而从内容上看则是思维的问题,是学生还不能正确地理解和运用概念,还不能对事物作出合乎逻辑的判断。事实证明,学生的语言总是随着其思维的发展而向前发展的。如果不重视思维的训练,学生不止思维的发展要受影响,语言的发展也会是不健全的。因此,我们应该在语言训练的同时抓好思维的训练,并且将二者有机地结合起来。例如在词语训练中就应该很好地渗透概念方面的内容,在句子的训练中就应该很好地渗透判断方面的内容,在论证方法的训练中就应该很好地渗透

推理方面的内容。不论听学生回答问题还是看学生的作文，不仅要注意到学生语言方面的问题，而且应该从语言的问题中看到思维方面的问题，这样才能使学生的语言能力以及思维能力都得到提高。思维训练之所以要同语言训练很好地结合，也是因为学生的语言对思维的发展同样起着重要的作用。

因此，语文课的思维训练必然是语言性质的思维训练，是同语言训练结合在一起的思维训练。在语言训练中，每当学生理解和掌握了一个新的词语，一种新的句式，一种新的表达方式，他就寻求到了一个能够反映相应事物的词的标志，增加了一种能够反映自己思维内容的表达形式，他的思维也就向前发展了一步。正因为如此，我们进行思维训练必须紧密地结合着语言的训练进行，只有这样，学生才能既会以语言为工具进行思维，又会以语言为工具进行表达，才会真正形成语言意义上的思维能力。

音乐教育与儿童启智

音乐教育在开发智力、陶冶情操、渗透德育以及培养人的创新意识等方面，都起到其独特的、不可替代的作用。尤其是对正处于成长时期的儿童来说，完善的音乐教育将直接影响和作用其智能、心理、品质以及行为能力等方面的发展。近年来，音乐教育促进儿童启智以及与人的发展相关性研究，正逐渐得到有关专家的重视。

一、音乐教育启动儿童的感知思维发展

心理学研究表明，音乐教育对人脑智能潜力的开发有着极其重要的作用。人脑结构分为左右两个半球，其功能各异，左半脑是语言脑，右半脑是音乐脑，左半脑侧重逻辑思维的运行，右半脑主管形象思维和创意思维。音乐教育直接作用于右脑，对人的形象思维进行锻炼和开发，并通过胼胝体促进左脑的发展。让左右脑得到均衡发展是开发人脑潜力的重要途径。

"音乐不仅用听觉，它还通过全身的感觉来感受音乐。"[1]在音乐教育活动中，听记旋律、记忆主题、默读乐谱、反复欣赏，都有效地加强记忆力的训练和培养，促进形象思维发展。我们知道，思维是非常依赖于记忆的，由于音乐具有流动性的特点，因此追踪和理解音乐就必须依靠记忆去完成。儿童无论是唱、奏、听都要求注意力集中，而且要调动记忆、想象、思维以及情感等多种心理过程积极参与，即所谓"全神贯注""聚精会神"。儿童演唱或视谱的过程实际就是训练集中注意力的过程，而且知觉和动作要相互协调，既锻炼儿童注意力的集中和分配，也使儿童通过读谱与视唱记忆的训练，提高了儿童大脑反应力的敏捷程度和整体记忆能力。美国心理学家费朗西丝·罗斯特曾做了一个历时八个月的对比实验，得出结论是"音乐教学能改善儿童的空间智力"。据统计分析，接受音乐教育的儿童在影响科学概念发展的空间智力上平均提高了46%，同时在语言记忆力和反应力速度上也明显地得以增强。

1　姚思远.论音乐教育［M］.北京：北京师范大学出版社，1992.

二、音乐教育增强儿童的创造思维能力发展

未来人才最重要的素质就是要具备丰富的想象力、强烈的自我表现力和非凡的创造力，音乐教育给儿童提供了自我表现和发展创造力的机会。

音乐的主要特点是没有直观的形象，而音乐形象的体验主要存在于人的想象空间中，以自身独特的思维方式和思维习惯，特别是运用形象思维把感觉、情感和理性相结合。音乐教育是真正实现把儿童的思维方式逐渐地由聚合性思维向发散性思维转变的运动，通过表象去创造对象与完成作业，经过体验促进顿悟，而最终使对音乐的感受得到理性的升华。

心理学告诉我们，想象是一种特殊的心理功能，没有想象就没有意境，也就不会有艺术美的创造。音乐表现是以声音作为载体，具有非具象性，也就是说，音乐既看不到又摸不到，不像雕塑或建筑那样存在于现实空间而"凝固"在那里，但却能给人一种广阔的想象空间。如钢琴的快速琶音犹如流水，长笛三度音好像鸟鸣，定音鼓的轮击好比雷声，快速半音阶下行的旋律如同下雨，等等。同时音乐表达具有不确定性，音乐形象兼具多义性，因此不同的人对于相同的音乐会产生不同的感受，即使同一个人欣赏同一段音乐，每次的感受、产生的情感体验也都不尽相同。

从音乐教育所蕴含的创造性因素看，其十分有利于儿童创造精神的培养。不论西方重和声复调的音乐，还是中国重旋律线条的音乐，都表达着人类丰富而细腻的情感。这些情感通过不同的节奏、曲调、和声、音色等要素来表现，其感受也是不同的。演唱、欣赏音乐作品，都需要注意其速度、力度、音区、复调、曲式、织体等在内的要素特点。无怪乎有人把音乐的表演称为二度创作，把欣赏、感受音乐称为三度创作。在音乐教育过程中，可以在引导儿童把握音乐形象的基础上，发挥自己的个性，大胆展开联想、想象，进行二度、多重创作，能直接而充分地培养儿童的创造意识。对多姿多彩的旋律、千变万化的节奏、和谐动人的和声以及色彩各异的调性触类旁通，在理性的指引下引发更深刻更明晰的情感体验和想象联想，从而激起情感上的共鸣，实现由感性到理性的飞跃。欣赏活动还可以帮助儿童借助想象展开广阔的思维天地。

音乐教育中呈现的音乐特质，为儿童提供最大限度地驰骋想象的创造空间，使儿童在联想、想象的创造性活动中发展自己自由而丰富的审美想象力，培养发散性思维或求异思维，发展个性，并逐步形成创造性的思维方式。

三、音乐教育促使儿童在快乐中学习

音乐具有愉悦作用，荀子说"乐者，乐也"，就是认为音乐能使人"快乐"，能满足感情的需要。音乐通过声音的媒介作用，产生出情感的表现力和感染力，会引起人的情绪反应，并对人的情绪起着调节或激发作用。音乐教育具有独特的审美价值，儿童通过演唱、演奏或欣赏音乐作品，感受真、善、美的音乐形象，给人的情感领域以无形的巨大的影响。学生通过欣赏优秀的音乐作品，以音响为表现手段，构成了富有动力性结构的审美形式，通过诉诸心灵的声音并作用于情感，以引起共鸣，陶冶儿童情操，促使儿童逐渐趋向完美的境界，把乐曲中的感情全部转化为自身的体验，获得审美愉悦，从而提高音乐的鉴赏能力和培养审美感受能力。音乐教育活动通常以强烈的形象感染，通过"润物细无声"使儿童的感情完全深入歌曲当中，真切地触动儿童的心扉，充分发挥音乐教育本身固有的特点，使儿童心灵得到洗涤以及智慧的升华。

许多音乐艺术作品蕴藏着深层次内容，以独特的情境来启迪儿童自由地想象，因而具有较高的审美价值。音乐审美的精义就是让儿童学会欣赏音乐，逐步对音高、乐强、节奏、调性等音乐词语有比较敏锐的感受，渐而体会歌曲的艺术形象，理解歌词的含义，把握歌曲表达的情趣与风格。有些作品意义深刻，需要理解认识，如俄国著名作家屠格涅夫作品的音乐性很强，他把文学作品的视觉艺术和音乐作品的听觉艺术巧妙地结合起来。运用生动的情感进行体验，引导分析歌曲的动机、主题、旋律手段等整体性的音乐结构，逐步建立对音乐作品以及音乐表演的质量效果的评价标准，从而树立正确的音乐欣赏观点，进入感性认知和理性认知相结合的审美理解阶段。

四、音乐教育突出儿童在活动中的主体性

音乐教育是通过亲身感知、参与、理解、表达，从而提高儿童对音乐的敏感性和表现美的能力。[1] 音乐为儿童表现自我、接触社会提供了一个良好的机会和平台，通过丰富多彩的音乐教育活动，艺术性地调动儿童兴趣，参与到音乐活动中来，并使其获得音乐成功和快乐的体验。

音乐教育是讲求协同配合的，通过合唱、合奏等活动形式来培养儿童相互接纳

1　王文峰.幼儿园学科教育活动设计与实施［M］.合肥：安徽教育出版社，2000：189.

的合作精神，这里就要求相互作用与发展，建立伙伴式的自由平等交往关系。"平等的关系使儿童有可能从事一种新的人际探索，形成社交能力。"[1] 由此可见超越了一般意义上的教育范畴，而引申到人的个性发展的层面上来。

音乐的教学和演出活动，都通过轻松、和谐的方式，有效地改变一些以自我为中心"内向型"儿童的封闭心理状态，有利于儿童个人心理健康发展，提高了社会人际交往能力，逐渐培养乐群意识和团队意识。

1　周宗奎.现代儿童发展心理学［M］.合肥：安徽人民出版社，1999：396.

考试心理焦虑的合理调试

考试是检测学生知识掌握、能力培养情况的一种方法，但在实际运作中却时常给学生带来一些压力，尤其是面对中考或高考这样有一定难度且具有相当竞争力的选拔性考试，考生在心理上往往会形成一种焦虑，很大程度上影响了他们的水平发挥。

现代心理学表明，焦虑是人们对环境中一些即将来临的重大事件进行适应时，主观上引起的紧张且不愉快的期待情绪。一些心理调查发现，焦虑这一心理现象在考生中间普遍存在，只是在每个人身上所表现的程度不同而已。近年来研究表明，其归因为考生意识到即将进行的考试对自己的职业、升学等的影响，过多地虑及考试的结果将影响他人对自己的评价，还有一些外在的情境发生变化，如考场环境不适、考试规则或时间变动等也会导致考生心理紧张，加剧焦虑。

要正确看待焦虑，应是看如何处理好一个"度"的问题。过度焦虑常转化为人的中枢神经紧张，妨碍思维活动的灵活度、深刻度和扩张度，甚至导致大脑暂时性的一片空白，影响考试临场发挥。而适度的焦虑则可以激活神经系统的兴奋，这种状态有利于学习和应试，对学习效率和成绩提高有一定的促进作用。解决这个问题首先要从心理上进行引导，对焦虑要理性地认识，明确其过度的危害性。在考试前，考生应该既要树立必胜的信心，又要有颗应考的平常心，运用正确的暗示：我有信心考出水平。从思想上放下包袱，不要过多地虑及考试的结果，让心情坦然，以"得之欣然，失之泰然"的良好心态，摒弃虚荣心和患得患失的思想来迎考。

对于焦虑要适时加以调试，消除紧张，自我放松。转移注意力能松缓紧张的心理。焦虑过度的考生脑子里总是猜测着想象着考试的情景，尤其是考前几天，不时加重心理压力，这时不妨转移注意力，可以参与一些户外活动，听听轻松的音乐，翻翻具有动感的图片，使一度紧张的情绪得以缓解。

进行放松式训练调节，也能有效地消除焦虑。如运用呼吸法让考生舒服地坐在自己的座位上，双眼微闭，排除杂念，意气集中，进行胸腹式呼吸，同时想象内心紧张的成分已随呼气离开了肌体，体验到从头到脚逐步放松的感觉。

考试前尽量少谈及有关考试的问题，不要过多地渲染考试气氛，防止不良的刺激发生。考试前几分钟不必心慌意乱地翻书，平添压力，而应该有意识地为自己打气，树立信心；在考试前最好找一个相对安静的地方，目视远方，回忆过去一些愉快的往事来缓和情绪，想得越具体越生动越好。另外，可以随便嚼一块口香糖，活络面部紧张的神经，有利于放松自我，使心情平静，调适出最佳的应试心理状态。

以学习者为中心的教学策略

选择适切的教学策略，旨在激发学生主动参与教学的意识，真正做学习的主人。科学合理地运用好教学策略，可使学生在教学活动中不断认识自我，不断发展自我。

一、合作教学策略

合作教学策略应用在课堂教学中，应充分利用教学中动态因素间的互动，特别是生生之间的和谐互动，使学生由竞争对手变成合作伙伴，在合作学习中共同达到教学目标。小组学习活动，是合作教学的最基本形式。

小组编制方法。班级中要组建各种不同的合作学习小组，让每个学生按不同的教学需要，参加不同的合作学习小组。按形式分可分为二人互助型、四人小组型、自由组合型等几种；按内容分，可分为练习型、讨论型、互帮型、比赛型等几种；按表达方式分，可分为中心发言式、自由议论式、互相检查式等几种。在教学中要根据课堂教学的内容、环节、效果来考虑最佳的小组合作学习形式。

小组学习进程。提出学习任务——启发独立思考——创设情意，导入讨论——巡回观察，促进全班交流，相互评价，深入学习。

师生合作评价。变教师监管为引导参与，积极提供帮助；变单纯关注任务为重视小组及其成员自身的发展；变教师单向评价学生为定期组织学生评价教师和师生互评。

二、兴趣教学策略

兴趣教学策略应用于课堂教学中，乃是寓教于乐，既要注意"乐中学"，也要讲究"学中乐"，让学生体验到学习乐趣，从乐学到爱学。

建立良好的师生关系，让学生体验到师生合作教学之乐。教师要注意"塑造"自我形象，对学生施之以爱，使学生对老师有亲切感，"亲其师"就会"信其道"，从而乐于接受教诲，乐于投入学习活动，乐于与教师形成愉快的合作教学关系，开发出融洽的师生关系中所孕育着的巨大教育潜力。

创设乐学情境，让学生体验到参与学习之乐。注意挖掘和发挥教材内蕴的魅力，激发并满足学生的情感需求。要尽量采用适合儿童心理特点的教学方法，如创设情境，引人入胜；实物演示，利于理解；音乐渲染，强化气氛；图画再现，形象直观；

幻灯录音，吸引注意；等等。低年级还可把游戏引进课堂，动静结合，活泼有趣，使学生处于接受感知的最佳心理状态。

发挥课堂的评估和反馈作用，让学生体验到成功与进步之乐。在课堂教学中，要利于信息反馈，让学生及时了解学习的结果，及时受到表扬和鼓励，用成功的快感去强化学生的学习兴趣，使学生乐在其中。同时，对不同层次的学生因材施教，使每个人都在原有基础上获得成功与进步，提高学生学习的积极性。

三、自主教学策略

自主教学策略的应用，旨在激发学生自主学习的主体意识，培养学生自主学习的能力，充分发挥学生自身对学习的主动性、主观能动性和积极性。

自主学习。引导学生学会质疑，积极主动地提出问题；学生讨论，积极主动地参与小组或全班讨论；学会动手操作，积极主动地参与实践活动。

自我评价。引导学生学会评价别人回答问题正确与否、表演正确与否；学会评价自己的学习情况以及找出自己学习成功和失误的原因。

指导学生。在教师的指导下，让学生学会预习、学会复习、学会听课、学会作业、学会检查、学会小结、学会制订学习计划和安排学习时间等。

培养自学能力。按"扶—引—放"的操作程序对学生进行教育。"扶"，从领会学习到主动学习过渡；"引"，从主动学习向学会学习过渡；"放"，实现学会学习的目的。

四、互动教学策略

互动教学策略应用在小班课堂教学中，旨在改善教学的人际关系，开发课堂交往潜能，形成师生之间、生生之间相互交往、相互影响的和谐互动、生动活泼的教学局面。

师生互动。在课堂教学中，可采用"互动式"教学模式，以师生共为教学主体，把个体学习、小组学习、班级集体学习有机结合起来，由传统的"秧田型"教学空间组合为"马蹄型""半圆型""对边型""餐桌型"等形式。变传统的师生单向为主的交流为师与生、生与生、个体与群体、群体与群体的多向交流，形成全方位的和谐互动。

生生互动。在课堂教学中，要充分发挥小组学习的作用和优势，积极开展小组学习、组际交流、组际互查、组际辩论、组际竞赛等活动，促进生生之间的互动交流，发挥优化组合的整体功能。

人境互动。实现人与环境的和谐互动。在教学过程中，要重视教学环境的创设与优化，使教学环境成为表现学生学习情况的物化世界，对学生起着相互激励和潜移默化的影响，改善教学进程，增强教学效果。

五、创意教学策略

创意教学策略应用在小班课堂教学中，旨在激发学生的创造意识，训练学生的创造性思维，为培养学生的创造能力打好基础，即培养学生的发展性学力和创造性学力。

创设有利于创造性学习的情境。民主、活泼的教学氛围是进行创造性学习的重要条件，教师摒弃"师道独慧"的旧观念，与同学们平等相处，把自己看成是班级集体中的一员，使学生没有思想负担，敢于与教师亲近。教师要注意教法生动活泼，让学生在潜移默化中体会教师的求新意识，激发学生的创新热情。

重视培养学生的扩散思维、求异思维等创造性思维。组织一题多解、一题多变的思维训练，引导学生对同一问题，采用不同的解法，对同一习题，进行多角度的思考，培养学生思维的流畅性、灵活性和独创性。

打通课堂内外的联系，解放学生的时空和大脑。开发右脑的形象思维和艺术审美能力，鼓励学生到大自然和社会中去认识世界，扩大眼界和拓展知识面，并把所学到的知识运用到实践中去，从而使他们的思维更加活跃，思考问题更加深入，有利于创造性学力的培养。

学生德育评价

在全面实施素质教育中，对学生的主体性教育开发越来越引起教育者的重视。开发学生的主体性教育是着重要求培养和提高学生自我学习、自我教育、自我发展的素质与能力，以达到开发潜能、启迪心智、促进良好的个性发展的目的。

学校开展德育评价工作是针对评估指标的达成度进行总结、思考和决策，来促进学生良好的思想品德形成。我们在这项活动实施中有意识地组织学生参与，既提高了评价活动的可信度、透明度和全面性，也是学生对德育再认识的一种新形式和新途径，对于提高学生的思想素质、加强自我发展等方面起着一定积极的作用。

自我鉴定作用。学生在评价活动中，对照评估的标准，对自己品德实际水平进行定位，客观、全面地认识了自我。他们通过对比发现自己的进步或不足的地方，渐而在生活中时时把评价标准作为参照系来要求自己，养成自我约束、自我控制的习惯，逐步地规范了自己的道德行为。

自我诊断作用。通过参与评价，学生依照标准，发现自己存在的差距，对自己的道德行为进行思考、分析、总结，对问题进行合理归因。这样学生可以在了解外部教育要求和期望的基础上推断鉴别出什么是真善美，什么是假丑恶，从而更具体地掌握一定的道德准则和行为规范，提高辨别是非的道德判断能力，逐步学会如何正确地评价别人和自己，及时地摒弃不足，完善自我。

激励作用。评价是一个很敏感的问题，让学生主动参与更能调动激发其内部积极因素，自尊、上进心都促使他们渴望高于现状的发展，激励他们按照评估导向的方向继续努力，使正确的思想政治观念、道德行为规范转化为内心愿望和要求，产生极大的内驱动力。学生经过评价后表现出积极要求改变评价中发现的弱点或不足的心理现象，时时进行自我教育、自我约束，督促自己克服缺点及不良行为，同时与要求、标准相符合的良好行为也得以巩固，增强了自身活力、动力与压力，达到了评价预想的效果。

教学＋互联网

加拿大著名学者、关联主义学习理论的提出者乔治·西蒙斯将网络时代的知识比喻为河流，即"知识流"。网络中的知识不再是静态的层级结构，而是多维度的动态的网络生态。其实在网络时代，当整个社会被互联网连接成一个整体，相关事物或多或少要经历一个碎片化重构的过程，利用互联网技术来改善基础教育也是如此。

"互联网＋教育"的本质就是"教学＋互联网"，只有教师教学方式和学生学习方式借助现有教学设备、办公设备和个人终端，实现不断提高学生学习效能的目标，才能叫作"教学＋互联网"。

科学规划与建设"教学＋互联网"创新平台，通过连接，产生反馈、互动，最终出现大量"化学反应式"的创新与融合。这并不是简单地移植或颠覆传统教育，而是利用新的数字化手段优化传统教育的一些模式，给教育管理者、研究者和师生们创造增量价值，同时为教师提供对学生的精准分析。

当先贤倡导公平教育的时候，教育只能是少数精英的权利和机制，无法真正实现普惠教育。起源于第一次工业革命，兴盛于第二次工业革命的现代教育，其标准化的课堂、统一的教材、统一的考试、统一的答案，也带来了新的问题：个性化缺失、公平性欠佳……

从孔子的有教无类到柏拉图的教育公平，以及现代教育中的义务教育制度建立，教育公平在不同国家和不同时期都有完全不同的含义。学者们把教育公平分为三个层次：第一个层次是受教育的机会公平，即"大家都有学上"；第二个层次是教育质量公平，即"大家都能上好学"；第三个层次是教育成效公平，即"大家都有条件学习好"。现在面临的教育公平问题，主要体现在第二个层次和第三个层次的不公平，即教育质量和教育成效的不公平。当前，城市之间、区域之间、校际之间、班级之间，教育质量不公平和教育成效不公平依然存在。

利用"互联网＋教育"创新平台，可以清晰地呈现学科教育质量和教育成效的显著性差异。可以在三个层面推动教育公平化：一是为宏观层面提供研究与决策的参考；二是可以辅助中观层面的教育管理者们提出更加有针对性的学校与区域教育改革方案；三是可以帮助微观个体发现小环境制约下的个体成长瓶颈问题，从而有可能跳出局限，实现突破性与跨越性成长。

　　"教学＋互联网"不是简单地把线下搬到线上，而是在认识教学本质的基础上，用互联网思维和技术重塑数据采集、分析、监测和记录等模式，使记录维度延展至三个维度：一是从班级或学校延伸至班级、学校、区域任意可比区域；二是从学科或总成绩延伸至每一个学科的每一个知识点的记录；三是让数据从历史走来，使个体和组织的记录保持连贯性。

　　运行"教学＋互联网"创新平台，不仅使教师能够摆脱沉重的低附加值重复劳动，更可以使教师们轻松地关注到学生的个性学习与成长差异，使教育不仅"面向全体"，也能够关注"个体"或"小群体"，从而更加有的放矢地引导学生积极改善，推动教师从"布道者"转变为指导者、参与者和合作者。

　　因此，利用好"教学＋互联网"创新平台，可以提高教育效能，回归教育价值本源，这种创造力的表现在初期可能只是微创新、微变革，而随着经验和能力的积累，一旦形成有效的协同改善机制，会迸发出更强大的群体创造力，必然会精进为突破性的创新，从而使区域教育更高效、更公平，智慧更彰显，社会协同更顺畅，个人价值也会得到更充分的体现。

第五章　教师和校长专业发展

☆ 终身教育

☆ 模块组合的培训课程

☆ 教师成长的五项修炼

☆ 新型校长的素质构成

☆ 专家型校长

☆ 规范中小学校长培训

☆ 六种校长学习模式

☆ 校长培训心理需求

☆ 培训质量的保障体系

☆ 名校与知名校长

终身教育

"终身教育"概念诞生于 20 世纪 60 年代，是由联合国教科文组织原成人教育局局长、法国成人教育家保罗·朗格朗倡导提出的，随即在各国得到了广泛响应，并一度成为其构建国民教育体系和再教育的指导思想。

终身教育的出现源于科技不断进步和社会飞速发展的需要，由于技术老化周期越来越短，从科研成果转化到实际应用也日趋加快，人们普遍感到，依赖过去在学校中获取的有限的知识和技能已很难适应现今高度发达的现代社会。由于社会在不断地变革和发展，人们只有具备较强的社会适应性和创新精神，才能合上时代的节拍，满足社会动态的发展对人们所提出的新的要求。

终身教育是指人的一生通过持续不断地学习来获得思想、意识和行为的变化，不断提高人的文化修养、社会经验和从业能力的过程。终身教育的显著特点首先表现在时间延续上，指出一个人受教育不能只限于学生时期，而要贯穿一生的始终，包括在学校里学习和社会工作中教育两个阶段，终身教育可以说是职前教育和职后岗位培训、继续教育的结合；二是空间拓展上，终身教育突破囿于校园内的传统模式，把"课堂型"的教育延伸到社会和家庭，使学校教育、社会教育和家庭教育三者一体化，形成一种全方位型的教育；三是学习动机上，学校教育无论怎么说还是带有一种学业任务性质，学习过程中通常表现为被动倾向，而人的终身教育是自身认识到为了更好地工作和生活而需要的学习教育，突出个人积极要求的一面，具有明显的主动意识。

终身教育思想现已普遍被人们所接受，联合国教科文组织 1972 年在《学会生存——教育世界的今天和明天》一书中就明确指出，"现在这种思想已经传遍全世界，终身教育已经成为一个具有历史意义的问题，一个有关文明本身的问题了"。终身教育的本质要求是学习化社会。终身教育成为社会发展和个人发展的必然要求，成为学习化社会最重要的特征。一个民族、一个国家、一个社会要想在竞争激烈的国际社会中立足，且不致落伍于日新月异的信息时代，必须注重提高人的素质。终身教育是生存和发展的双重需求，也是个人取得良好发展的必经之途。

现代社会的高速发展，受制于人的基本素质，而人的素质提高是需要不断地学习，不断地接受教育的，于是"终身教育是 21 世纪人的生存概念"就提出来了。

当前，在世界政治多元化、高新技术产业化的国际背景下，伴随着信息技术的扩散和全球经济一体化的推进，知识经济的浪潮已向我们迎面卷来。这个以知识、技术与经济紧密结合的时代对我们来说是一个严峻的挑战，尤其是对今天教师所具备的素质和知识结构提出了更高的要求。

现代科学技术的不断革新和知识的老化速度加快使得一个人在学校学习的知识不能满足他一生的需要，只有不断地学习、终身学习才能确保自己不被社会淘汰。美国未来学家约翰·奈斯比特说：在信息社会中，唯一永恒的就是变化，我们无法指望一种教育能为自己服务终身。传统的一次性学校教育已不能适应社会经济发展以及人们自身发展的需求，学习将成为伴随人的一生不间断的活动，成为人自身发展的基础。当前教师若只凭某些已有的经验、技能来从事教学，而不继续学习新的知识，不掌握足够多的知识，不提高自身素质和管理能力，就会难以适应时代变更的需要，自身生活质量和工作就会受到严重的威胁。知识信息化的快速发展，促进了学习化社会的进程与发展，也就必然要求人类将不断地学习作为一种基本的生活方式，作为适应社会、适应职业的需要，只有积极地树立终身教育的观念，通过不断地学习才能与时代前进的节奏相合拍。

模块组合的培训课程

以往的教师继续教育培训，基本是采用传统的学科课程方式，即按教师继续教育培训的总体要求设置课程，编写教材，组织教学活动。但随着知识更新速度的加快，教育改革与发展对学校管理的要求越来越多，如果教师继续教育培训部门还继续通过增加学科课程的方式来适应新的需要，那么势必增设许多新的学科门类，培训教学内容增多，造成教师继续教育培训课程的超载，导致教师学习负担过重。而采用模块课程的培训方式则可较好地解决这一问题。所谓模块课程的培训方式，就是将教师继续教育培训中的若干不同学科知识内容按基本理念层、法规政策层、操作技能层三个层面和核心课程类、必修课程类、选修课程类三个类别，进行不同的整合，构成一个个模块课程，教师在培训时根据自己的实际情况、具体需要进行自主选择和重新组合模块。课程理论是近年来教育界课程理论研究的重要内容，模块课程与传统课程相比，主要有以下两个特点：一是每个模块都有自己明确的教学目标和内容，各自相对独立，同时又与其他模块有着横向联系，从而组合成具有更大目标的模块课程；二是一个模块可以包含若干学科的内容，即一个模块可以由不同学科的内容组合而成。

许多国家都不乏成功应用模块课程的例子。美国为帮助教师在社会发展中形成新思维，掌握现代学校管理的知识、技能，设置了"学校有效管理及其对教师的要求，教师角色意识把握，教师决策、分析、总结能力，教师对教职工的检查指导，教师有效进行课程管理的能力，学校与社会的关系及其调适，当前教育上的新问题和教育发展趋向"等模块课程。澳大利亚为帮助教师管理好"未来学校"，除设置了"组织管理、教育领导、教育管理、文化管理、组织领导、政治领导、领导反思"7个核心模块课程外，还在其中分设了"教育改革、网络沟通、人际交往、课程设置、校园精神、地区与社会发展趋势、自我领导风格认识"等模块课程，供教师在培训中选择组合。英国为使教师在学校内外环境不断变化、面临诸多挑战与压力的情况下有效管理学校，设置了"学校分析，学校管理策略，教学管理，交往技巧，学校政策制定与执行，学校财务与管理，学校与上级、小区、家长的关系，教师正确处理个人所面临的挑战及作为领导的压力"等可供教师选择的模块课程。从国内外教师继续教育培训的实践来看，模块课程作为一种面向教师继续教育培训课程，可以产生以下几方面的积极效果。

有利于实现以学科课程为中心向以学习者为中心的转变。传统教师继续教育培训以学科课程为中心，教师向学员传授学科课程规定的知识，学员只是知识的被动接受者；采用模块课程方式培训教师，可使学员处于学习的中心位置，让教师在培训中更好地根据自己的工作实际和自身需要，制订学习目标，选择相应的学习内容，从而提高教师继续教育培训的实效性

有利于形成教师学习的内在动力。模块课程因其内容相对较少、用时不多，每一模块均有明确的学习目标和要求，易于教师在短时间内用一定精力实现学习目的，完成该模块课程的学习任务，从而产生一种学习成功后的愉悦感。这种学习的成功，又强化了其继续学习新模块课程的动机，形成新的学习驱动力。如此循环往复，便形成教师学习的内在动力，进而促进教师继续教育培训持续健康地发展。

有利于提高教师继续教育培训适应性。教师继续教育培训的生命力在于培训内容要贴近学校管理发展和教师自身发展的需要，采用模块课程方式则能较好地消除学科课程的封闭性和呆板性带来的弊端，增强对学校管理环境变化和教师需求变化的适应性。同时，采用模块课程方式还可打破学科课程的界限，对培训内容进行跨学科组合，按照培训对象在不同时期的不同要求，进行培训内容的动态组合。

有利于加强培训的针对性和实现形式的多样性。在教师继续教育培训中，由于培训对象具有所处地区教育与管理发展的不平衡性、学校类型及层次的复杂性、教师自身知识能力结构的差异性及教师继续教育培训需求的多样性，所以，固定的学科课程培训就很难满足不同地区、不同学校和不同知识能力结构的教师对培训的需求。模块课程因其组合灵活、可选择性强，能较好地满足不同教师对培训的需求和教师作为成人及在职学习者的需要。

模块课程的设置可按特定需要进行灵活组合。在时间上，可分为较长时间的整体模块课程、分阶段的连续性模块课程和短时间的专题模块课程。在方式上，可以由教师进行当面知识传授，也可以让教师彼此结对，互助研修，还可以由教师自学领悟升华，因而，采用模块课程方式可以打破传统的培训方式，实现培训形式的多样化。

教师成长的五项修炼 *

　　课堂是学校教育的主阵地。一所学校要实现内涵发展，一位教师要真正地体现教学实力，最核心的竞争力就在课堂。当下，要想在学生发展核心素养的框架下实现教育的理想，就必须以课堂教学改革为突破口，尽可能在课堂上让教师"教得有效"，让学生"学得愉悦"，充分体现"自主、合作、探究"的教学理念。通过"名师成长"交流活动，我们可以近距离地观摩来自全国各地的名师名家教学，看他们在目的性和意识性都很强的教学活动中，如何通过深挖学科教材中蕴含的知识、技能、方法、情感与价值观；如何通过有效教学，使学生掌握知识，习得技能，发展智力，形成好的学习态度和相应的品质；如何建构科学的课程体系，发展特色教学，开展特色课堂，积极探索高效的教学模式；如何通过课堂教学引领，培养学生的批判意识和探究意识，渐而导入学习的"最近发展区"。在座的各位老师，要以优化课堂教学为立足点，认真观摩学习，深入研究课堂创新，切实与名师形成心灵的共鸣和思维的共振，并运用到自己的实践教学中，实现转化与推广。我们坚信：只要勤于钻研，广采博纳，融会贯通，最有价值的教学成果将会一一呈现。

　　以"名师成长"为主题的教学观摩会，更是一个学习共同体，关联着一线教师的专业成长。其实，名师成长与学习修炼有着重要的关系。

　　著名的教育家顾明远先生曾经提出：修炼促进教师专业成长。实际上，教师的成长过程，就是一种修炼过程。这里的修炼，主要包括意愿、锤炼、学习、创新和收获等层面。教师在修炼过程中，确实需要经历心灵的阵痛和挣扎，从而实现教育人生的一次次蜕变。

　　第一项修炼是指意愿。这是专业思想问题。我想诸位老师都能牢固地树立当好教师的意愿，都在积极争做"四有"好老师。第二项修炼是锤炼。简而言之，就是遇到问题要总结、反思。不经历锤炼，成长自然缓慢。教育家和一般教师的主要区别就是普通老师可能满脑子都是教育现象、问题，但是教育家除眼前的教育现象外，还努力地探寻教育现象背后的本质与规律。所以，教师在成长中要敢于摒弃一些定式思维，只有经历了刻骨铭心的锤炼，才能得到成长。第三项修炼是学习。学什么？学理论，学方法，学经验。向前人学，向模范学，向身边人学。有一句话是这样

---

*　选自 2019 年 3 月 2 日在第四届"名师成长"小学语文全国教学观摩会上的发言。

说的，"你成长的速度，取决于你身边人的高度"。第四项修炼是创新。要切实训练创新的思维，提升创新的能力，掌握创新的方法。第五项是面对收获。在收获层面上，也反映了教师专业成长达到的三重境界：第一重境界是对教育、教师职业的认识，这是一种教师职业生涯发展的目标，更多是从自我出发，以个体为中心，以个体发展需要为前提的，比如教师生存、地位荣誉、技术职称等，这种被动需要的收获，是一种浅层次的收获。第二重收获境界强调的是修养，促使个人品质螺旋式提升。这种收获主要体现在教育成效、人才培养、教育事业的发展上。2018 年，获得改革开放 40 周年"改革先锋"称号的全国特级教师于漪老师，她的一句话深深地影响着我们："一辈子做老师，一辈子学做老师。"这就是一种修炼的态度，达到了一种修炼的境界。第三重收获境界即为"自我价值的实现"。这对应于马斯洛的需求层次理论，是关乎幸福人生的收获，具有无与伦比的价值。在专业成长的道路上，每一位教师都要用一生学为人师，与时俱进，不断提高对教育的认识，对自我的认识，修炼自我，完善自我，自然会收获"蓦然回首，那人却在灯火阑珊处"的一份惊喜。

新型校长的素质构成

校长的素质构成是多重的，传统上体现在四个方面，即政治思想素质、业务素质、智能素质和身体素质。也有些学者把校长的素质归纳为德、识、才、学、体五个字。所谓德，指政治、思想、品德和个性心理素质；所谓识，指见识、胆识、识别能力、预见能力和谋略；所谓才，指领导经验、领导能力和领导艺术；所谓学，指学问、业务知识和知识结构；所谓体，指身体健康状况。

新型校长的素质构成是多重叠加的，作为领导者的校长，应有属于自己的办学思想，具有明显的教育特色和风格；能与时俱进，创建学校发展愿景与规划，具有旗帜作用引领学校发展。作为教育者的校长，应有社会理想抱负、教育目标和教育理论修养；尊重学生，公平对待学生，因材施教，具有教育使命感和社会责任感。作为管理者的校长，应有学校文化管理思想，以人为本，促使形成科学有效的规章制度；能够激发员工的工作热情和学生的理想抱负，调动和发挥师生的教学积极性、主动性。

一、新型校长应具有的政治思想素质

教育方针是发展教育事业，办好学校的根本指导思想，关系到办学宗旨和教育发展的方向。校长既是学校教育的组织者、管理者，又是教育改革的实践者，全面贯彻教育方针，是履行职责、做好校长的基本准绳。

作为一校之长，首先要关注学生的全面发展，尤其是对学生思想道德、品德意志的培养。20 世纪 30 年代，南开大学校长张伯苓提出："教育一事非独使学生读书习字而已，尤要在造成完全人格，三育并进而不可偏废。"美国总统罗斯福曾说过，有学问而无道德，如一恶汉；有道德而无学问，如一鄙夫。古语"欲成才，先成人"等也说明了"德"字的重要。

学校精神是一种非实体性的精神文化，是在长期的教育管理与教育教学实践中逐渐积累下来的，被全体师生员工所认同的一种群体意识和学校气氛。这种精神是通过学校成员共同的实践活动，并经历史的积淀、选择、凝聚发展而成的。其附着于领导方式、校风班风、人际关系、教师言行、学校道德准则等校园精神文化之上。学校精神的培养，首先在于领导团体以身作则的工作方式和高度一致的协调精神。

学校领导尤其是校长要以身作则，带领广大教师向着学校的集体目标努力。领导团体的高度协调，齐心协力，教师会纷纷仿效，形成一股不可小视的精神力量。反之，如果领导自身不正，成员就会纷纷模仿追随，从而丧失群众的支持，学校精神便走向泯灭。学校领导勾心斗角、互相拆台，教师也会瞧不起同行，互相指责；有好处则趋利而行，有坏事则互相推诿，不负责任，这是影响学校精神形成的最大的障碍。其次，学校精神要培养一致的价值取向，校长要始终把培养学生的全面发展和长远发展作为自己的职责，时时处处以此来衡量自己的工作，以此作为自身价值的实现。那么，教师自然也就会把在教学中如何提高学生的生存、发展能力作为己任；学生也会以在这样的学校学习而自豪。

二、新型校长应成为教育改革的"先行者"

当前正处于教育转型发展时期，从学校内部看，教学观念、教学方法、课程设置等许多方面也有待革新，校长要成为教育改革的推进者和开拓者，可以从三个方面入手。

注重人才队伍建设。学校质量取决于人才建设。校长要管理好现有人才，培养好现有人才，才能吸引人才投身学校的教育改革与实践。学校是培养人才的地方，更要汇聚方方面面的人才。近代教育家蔡元培先生就任北京大学校长期间，始终坚持"兼容并包"的准则，由此而使北京大学人才云集，成为近代中国思想和新文化的发源地。校长的责任就是培养人才，吸引人才，使用人才。作为一个优秀的学校校长，应做到"思贤若渴，汇萃英华，识才爱才，扬人所长"，且具有宽广的胸怀和包容性。

注重教育科研实践。人们常说的人才竞争实际上是人才素质的竞争，而人才素质的高低，取决于中小学教师整体素质的高低。实践证明，教育科研工作是提高教师业务素质、教学水平的有效途径，因此，教育科研活动是学校领导抓教育的头等大事，通过教育科研来造就一批中小学学者型、科研型、专家型教师。校长要进一步提高认识，教育科研是教育决策科学化的根本保证，是深化教育改革的先决条件，是提高教学质量的动力和手段，是提高领导干部和教师素质、水平的有效途径。教育科研的重要性和作用不言而喻，学校校长如果只是强调教师搞科研教研，而自己不动手，则无法带动教师，提高教科研意识。在课堂上，创设良好的课堂教学情境，发挥学生的主动性，在开发学生爱学、乐学天地的同时，开发课堂教学效益的最大值。带领全体师生，将学习过程由"吸收—储存—再现"转向"探索—研讨—创造"，从而实现由传授知识的教学观向培养学生学会学习的教学观的转变，实现由"师道尊严"向师生民主平等转变。因此，校长要注意教科研实践，汲取先进的教改经验，学习先进的教改成果，丰富自身的学术内涵，做一名专家型、学者型校长。

注重教育效益的提高。教育的经济价值在于当社会走向知识经济而学校面临市场经济考验时，是否能把握好市场规律，在遵守教育法律法规、职业道德的前提下，使这所学校在完成其服务学生主体的同时，获取更大的回报来促进其自身的进一步发展。学校的办学效益是长期性的，只有通过十年、二十年或者更长时间才能体现出来。就学校而言，能否优化组合，配置好自身的教育资源，提高办学质量，使之创造更多、更大的价值；能否在社会的教育资源市场上争来更多的份额，获取更大的生存空间。就学生而言，随着社会的发展和科技的进步，其在校习得的智力资本会部分失去使用价值，并且这种失效率会随知识经济的来临而不断加快。有关研究表明，一个人一生的知识，在校期间（职前）学习的只占 12%~18%，其余需要在工作实践中获得。因此，学校教育的社会价值体现在学生身上的是能否让学生具有终身学习的能力。校长要重视学校的教育效益，才会使学校步入良性发展的轨道。

三、新型校长应成为学校发展的"举旗人"

校长是"人师之师"，应该发挥非权力因素的影响力，成为学校人心凝聚者和师生学习仿效者。校长进一步学习和理解如何领导学校改革和发展的重要理论、先进办学经验和方法，使之能初步形成自己领导学校改革和发展的思想、理论、策略和方法体系，内化新型校长所需要的岗位角色意识。

以人格凝聚人。校长对任何工作都要坚持实事求是，想实招、讲实话、办实事、求实效，心中时时想着学校的办学方向、育人目标，想着教师队伍的培养，想着学校的整体发展，并做到带领好领导班子和教师，树立良好的风气。校长要富有朝气和实干精神，做到带头遵守制度，带头教改，带头教研，带头奉献，从而形成一种人格凝聚力，才能成为受师生爱戴的校长。

以良好的形象影响人。榜样的力量是无穷的，校长要做好典范，以良好的形象去影响师生。首先，校长要有良好的修养，这种修养不只是仪表言行方面要有绅士风度，还要有渊博的知识。古人说"腹有诗书气自华"，领导的气质不单单是靠颜值、服饰装点的，更需要靠知识来充实。因此，校长要通过学习获取教育理论知识，通过教学获得实践知识，进一步形成比较系统的办学思想和教育思想，指导学校健康地发展，办出一所朝气蓬勃有特色的并被社会认可的好学校。校长还要做廉洁公正的典范。以身作则，克己奉公；实干在前，荣誉在后。在知识分子高度集中的教育殿堂里，校长的权威不是来自职位和权力，而是来自教师们公认的秉正与无私。因此，校长要树立良好的形象，让自己的灵魂"闪光"，才能影响教师们去引导每一个学生。

以诚挚的情感温暖人。校长在学校，只有将整个学校看成自己的家庭，将师生作为自己生命的一部分，才会真正具有爱心。对学生的爱，表现在应有一定的机会与学生对话，深入了解学生的学习和生活情况。真正理解学生，表现在了解学生的心理特点，掌握学生的知识水平，察知学生的愿望要求，切实帮助他们解决学习和思想上的问题。对教师的爱，表现在三个方面。其一是尊重，尊重教师的人格，尊重教师的创造精神，尊重教师自我完善的要求。其二是宽容，"严于律己，宽以待人"，允许教师有缺点与错误，允许他们改正缺点与错误。其三是激励，要利用期望的效能，"委以重任"（给其恰当任务），确定适当的目标，充分肯定教师的劳动成果，这样才能真正调动教师的积极性。

专家型校长

中小学校长是学校管理者、领导者和教育改革的主体力量。面对复杂的国际竞争局面，中国的教育与发展迫切需要专家型的校长支撑教育。中共中央、国务院《关于深化教育改革全面推进素质教育的决定》指出：全面推进素质教育是我国教育事业的一场深刻革命。建设高质量的校长队伍，是全面推进素质教育的基本保证。"一个好校长，带领一批好教师就能办出一所好学校。"创建高质量的学校教育，必须有一支高质量的校长队伍。

目前，以培养学生创新精神和实践能力为重点的素质教育正在全面推进，这是党中央和国务院为加快实施科教兴国战略作出的一项重大决策，是当前教育工作的一项紧迫任务，也是教育改革与发展的战略重点。培养具有创新精神、创新能力的人才，教育就要变革，教育思想观念、教育体制、培养人才目标、教育内容、教育教学方法、教育教学评价等都要创新。而校长是学校办学方向的掌舵者，是教育改革的开拓者和创新者，是学校管理的指挥者，归根结底，校长是学校的灵魂。由此，全面推进素质教育，实施创新教育，校长更需具有创新意识、创新精神和创新能力。要从提高国民素质的高度，从培养现代化建设人才需要和可持续发展战略的高度，认识中小学校长队伍建设的重要性、必要性和紧迫性。

开发人力资源，提高人的素质是社会发展的强大动力。联合国教科文组织国际教育发展委员会在《教育——财富蕴藏其中》报告中进一步指出，教育处于社会的核心位置，教育和各种培训已成为发展的首要动力。在我国，作为终身教育组成部分的校长培训，已成为教育现代化的强大推动力。通过培训，进一步提高广大校长的素质，激发校长的创新精神和创新能力，开发校长办学治校的潜能。只有开发校长的人力资源，才可能去开发教师的人力资源，才可能开发广大青少年和国民的人力资源。

随着形势的发展，经济社会和教育发展要继续保持领先地位，也迫切需要一批教育专家带动教育改革与发展向更高层次迈进。组织加强校长队伍建设，以现代培训理论为指导，以现代教育理论学习为主线，以教育研究为载体，探讨学校发展中的一些深层次问题，提升学校的办学理念和办学品位，全面推动教育改革与发展。通过高层次、高水平的研究型培训和实践锻炼，以提高校长的综合素质为目标，更新校长的办学思想和观念，改善校长的知识结构和心智模式，挖掘校长的潜能，激发校长的开拓创新精神，为其逐步形成自己的办学思想、创造办学特色和促进学校和校长个人的可持续发展奠定基础。进一步创设和营造有利于校长成长的条件和氛围，力争培养和造就出一批具有先进的办学理念和独特管理风格的专家型校长，逐步形成一支适应当地教育改革和发展需要的政治硬、作风正、懂教育、善管理的教育改革和科学管理的带头人。

规范中小学校长培训

随着教育改革不断深化发展，从加强中小学校长队伍的建设和培养角度出发，不仅要求中小学校长在实际工作当中不断地更新观念、转换思想意识，更要支持和鼓励他们去"充电"学习，特别是通过干部培训形式，有计划、有目标、有成效地提高中小学校长各方面的素质。

开展中小学校长培训，是为了进一步提高中小学校长的政治、业务素质和管理能力，是一项事关教育改革和发展全局的基础性工作，对全面提高中小学教育质量和管理水平具有重要的战略意义。校长培训作为一项人力资源的开发活动，是现代终身教育、继续教育体系的一个组成部分。其本质就是获取高素质的人力资源，通过改进学校管理者的知识技能结构，改变工作态度和行为，从而激发他们的创造精神，开发他们的潜能，以提高学校管理工作的质效。[1]

现行的中小学校长培训，是一种有目的、有组织、有计划的学习训练活动，具有现实性、针对性和应用性。教学内容上不应只停留在学历补偿教育或是简单的知识性传授上，而应转向为知识更新、实际问题研究和提高管理业务能力的教育，尤为重要的是通过培训让中小学校长学会学习，掌握学习的科学方法和思维方式，进行自我学习，贯穿终身。[2]培训这种方式可以说在整个终身教育过程中起着催化作用，促进终身教育良性地延展。

中小学校长培训运行中要坚持高起点、高品位、高标准、高质量、内容新"四高一新"的培训思想，视培训为干部培养和成长的一个重要环节。目前的培训既要满足校长管理工作的需要，又要保证其具有发展潜在的内存，使他们身心和谐，学识、能力均衡发展，研究、创新同步并进，以谋求全面、持久、强劲的发展潜能。在时间上，既要求把培训内容与实际工作相关联，不断以此推动实际工作，还要处理好培训的短期效应和长期价值作用的关系。在空间上要充分体现出培训和培养的统一，学习理论和解决问题的统一。

认识到中小学校长培训是提高干部队伍素质的根本途径。只有让中小学校长充分认识到培训工作的重要性，才能克服培训工作中形式主义的倾向，提高中小学校

1　王铁军.现代校长培训：理念·操作·经验［M］.南京：南京师范大学出版社，1999：前言.

2　钱立青.构建中小学校长提高培训内容新体系［J］.教育人事，2000（3）：29-33.

长参加培训的积极性，把学习理论同贯彻党的方针政策紧密结合起来，把培训同研究现实教育热点、难点问题结合起来，同增强党性与公仆意识结合起来，增强工作原则性、系统性、预见性和创造性，真正地体现出培训工作应有的绩效。

将中小学校长培训、继续教育制度化、规范化。健全中小学校长培训的组织机构，理顺培训管理体制，制定和实施培训规章制度，不断启动培训机制，形成中小学校长培训运行良好的组织环境。对培训工作合理规划安排，根据中小学校长不同层次要求，分别构建终身学习体系，明确校长培训的主要职责，提出中小学校长必备的任职资格知识和能力的要求，督促中小学校长把参加培训作为一项必要性、经常性的工作内容，逐步地改变以往"事务型"的形象，腾出一定的时间来思考问题与研究问题，渐而形成科学的思想方法和工作方法，有效地促进自身素质的完善和发展。

整合培训资源，确保培训工作健康有序地发展。提高培训师资力量，一方面，要求增强授课教师对干部培训工作的使命感和责任感；另一方面，要提高自身理论水平和教学业务能力，优化师资队伍结构，强化青年教师的实践环节，深入实际多做调查研究，特别是要掌握丰富的相关实际管理经验，使理论在教学中合理地转化为学员工作方法论和解决问题的能力。树立终身教育观念，培养创新精神，增强开拓意识，把创新理念切入教学过程中，大胆尝试，不断提高教学水平，以适应常训常新的培训需要。培训中要创造条件地运用现代化的教学技术手段，采用多媒体网络技术和远程教学方式，使学员在信息获取、回馈以及教学督导中都十分便捷和富有成效，也对学员运用科学手段管理工作有了直接的借鉴作用。启动和模拟运用校长现代化办公系统，使培训具有直观性和可操作性。

加强中小学校长培训的监督工作，严格培训考核制度。干部教育是依靠学员的自觉来保证的，要不断增强学员的组织纪律观念和群体意识，加强自我管理、自我教育，增强党性锻炼。建立动态的培训驱动机制，表现在"制约"和"激励"两个方面，其有利于形成外在压力和内在动力。如采取一系列符合成人培训学习特点的评检方法，使培训工作落在实处，使培训绩效更多地得益于个人。

增强中小学校长培训的实效性和针对性。中小学校长培训着眼于社会的变革和经济的发展，在培训目标上既要高瞻远瞩，又要切合实际，寻找两者最佳的结合点。

目前，学科体系框架将向专题化演变，知识信息将向网络化方向综合，教育研究将向最优化方向迈进。

精选优化校长培训内容，并呈开放态势，在时间上向未来延伸，在空间上向世界拓展，在整体形态上充满现代化的特色，及时补充学科前沿研究的新成果，充分体现培训内容的时代性、新颖性和实用性，加重改革意识、公平竞争、勇于创新、决策规划和交际能力等因素的分量，形成动态的学习内容体系。结合课程教材改革，可以把理论教学、现实问题研究和中小学校长实践结合起来，根据校长对培训的实际需要，把工作中的热点、难点问题作为教学内容，实行按需施教，学用结合。课程设置以专题内容为主，构建一种菜单式、选择式的多元化培训课程模块，不在于追求单科体系的完整，重点应放在知识整体结构的合理配置上，改变以往以学科体系为主的课程结构，建立一种以问题为中心的综合素质结构。这样以"问题"为中介，沟通理论与实践，有理论的指导性和具体的操作性。运用情境培训，增强了教学的针对性，采取案例分析、考察调研的教学方式，教师作导入性的精讲和释疑，指导学员自学读书，引发学员研讨交流，强调培养学员理性思维，培养解决实际问题的能力。中小学校长的培训工作只有紧紧围绕和贴近基础教育与校长工作的实际，才会有生命力和活力。

建立中小学校长培训回馈机制，把培训和调查研究很好地结合起来，深入基层从实践中探索真知，并指导运用已有的科学理论，进行求实性的印证和改进。扩大对培训需求调查的面和点，注意了解培训过程及学员学习效果的回馈，及时掌握动态的工作需求，根据形势变化需要来适时地调整培训内容，尤其是当前的热点、焦点问题，给培训内容增添新鲜的活力，增强培训工作的预测性和动态应变性。

改革创新中小学校长培训模式。培训模式多元化和开放性是今后中小学校长培训发展的重要取向，也符合终身教育发展的总趋势。终身教育的一个经典模式就是学习者在正确的引导下进行自我体验、主体学习，逐步做到学、思、行一体化，强化学习者学习主体地位，充分调动继续学习的主动性和积极性，提高自我发展的能力。在中小学校长培训中，一个成功模式的建构，是从学习主体的需求出发，挖掘学习主体的潜能，增强其参与意识，充分调动发挥学习主体的自主性、能动性和创造性。

　　中小学校长培训模式并不是一成不变的，而是一个动态发展的开放系统，培训模式随着外部环境的变化而不断调整其内在的要素结构，不断地进行完善。培训工作可以因地制宜，以适应中小学校长实际需要为前提，以提高中小学校长整体素质为目的，创造性地探索，构建学用结合、可操作性强的培训模式。培训教学过程，也应该是学员主体参与过程，由单一灌输变为双向交流，强调师生互动合作，发挥教与学的双边能动性，逐渐形成由过去以培训者为中心，以学科为中心，以课堂教学为中心转向以学习者为中心，以问题为中心，以活动为中心的新培训理念。

六种校长学习模式

中小学校长培训过程中要紧密联系校长职业角色，从学校发展的决策、经营、管理、发展多个逻辑维度上来考虑，创造性地构建学用结合、实效性强的培训模式。

情境模拟式教学模式。这种教学模式运用多媒体现代教学技术手段，提供一种模拟学校管理的自然情境，让学员们扮演校长或其他管理者角色，在处理所提供的模拟情境中学习管理和提高自己的管理能力。模拟性情境教学中，理论与实际的高度结合，教师与学员的高度投入，学员自身管理经验与模拟情景的高度融合，有利于培训与提高校长把握校长角色的能力、驾驭局面的能力、控制冲突的能力、决策判断的能力、敏捷应变的能力、协调管理的能力、掌握政策尺度的能力、简洁表达的能力、归纳问题的能力和创造思维的能力。

教育诊断式教学模式。管理咨询与诊断是一种知识含量极高的智力服务，其目的在于通过对企业现状与发展前景的分析，为企业发展提供有力的智力支撑。将这种实践活动迁移至中小学校长培训中，既符合教育干部培训理论联系实际的原则，发挥受训校长实践性知识的最大效用，更有利于校长在培训中主动学习，积极思考问题，展示自己的办学理念，还有利于解决中小学教育和管理实践中的各种问题。在目前业已形成的校长提高培训和高级研修中，可以安排三分之一左右的教学时间，让受训校长以小组的形式，深入到不同类型、不同需要的学校，就学校的问题个案进行"坐校问诊"，集体讨论，提出咨询和诊断方案。

易地换位元式培训模式。这种模式是指让来自不同区位（主要是社会经济发展条件方面）的校长相互进行换位元培训。在操作上可有计划地组织安排部分中小学校长，前往沿海经济发达的东部地区培训院校随班接受培训，使其亲身感受发达地区的教育新理念、新气息，接受新的教育思想和意识。

项目牵引式学习模式。教育行政部门可以在校长的业务考核中，增加对校长研究能力及其绩效的考核。如规定每位校长一定的时间内需选择一项科研课题，这项课题可独立完成，也可和学校教师一起进行科学研究，教育行政部门同时通过多种管道为课题提供专家技术支持。科研论文撰写后，由教育行政部门组织的专家进行审查和评定，最终作为校长的业务档案，与校长的年度工作总结等，共同构成考核校长工作和评定校长职级的一种主要依据。

　　案例分析式教学模式。案例教学是指围绕一定的教学目的，将学校教育教学和管理实践中的真实事例（成功的或失败的），加以典型化处理而形成的一种特定的教学案例，以供学员们分析、思考、讨论并作出各自判断的一种教学模式。这种教学模式有助于启发思维，提高分析问题、解决问题的能力。在案例教学活动中，教师可以有意识地引导学员从多种方向、多种角度来分析案例，具体方式主要有三类：一是发散型导向。启发学员进行创造性思维，分析、思考的方向与解决问题的角度、办法越多越好。二是对抗型导向。即让学员在案例讨论中形成两种对立的观点，在争论、辩论中提高各自的分析能力。三是总结型导向。即通过案例讨论进行系统归纳、正面总结，使经验升华为理性认识。案例分析是培养中小学校长思考分析能力的一种有效的教学模式。

　　系统性课题研究教学模式。这种教学模式尤其适合研修班学员的培训需要。主要通过专项性课题的集体研究，提高学员课题设计与教育科研能力，或者一边进行理论进修一边系统总结自己的办学经验或著书立说，培养其成为现代专家型校长。

校长培训心理需求

作为人力资源开发的中小学校长培训，是提高校长综合素质和能力的主流途径。校长培训渐而突出对校长创新能力的孵化和指导，提高其教育理论素养和解决实际问题的能力，将教育科学理论转化为具体可操作的行为模式，高效地运用到教育管理实践中去，达到以学促变的目的。

伴随着基础教育改革不断深化的步伐，中小学校长培训要求不断递进性地提高。然而，多年来校长培训一直存在着效率低下、质量不高的现象。其在培训内容、培训模式上存在着针对性不强的问题，原因是培训者大多忽视了校长培训的心理需求。

培训质量是"第一生命力"，其产生效益对整个社会、培训机构、校长本人都是一致的。提高中小学校长培训质量，关键是要对校长心理需求进行科学分析，并采取对应的策略。

一、培训策源点：满足校长的心理发展需要

需要是个体心理活动的动力，是人脑对生理和社会需求的反映。现代关于人的发展理论认为，人的一切行动的原因不在于他的思维，而在于他的需要。重视需要动力意义的心理学家把需要看作一种原动力，认为个体的需要是个体行为积极性的源泉。

把学校建设成为培育人才的摇篮，自己成长为成功的校长，这是广大校长的心理需求。研究校长的发展需要并给予满足是培训的出发点。

了解校长各种需要，培训目标体现分层分类。不同任职期限、不同成熟度的校长的心理需求不同，不同层次、不同类型学校的校长的心理需求也各异。这是组织培训内容的重要依据。教育部《中小学校长培训规定》中把"按需施训"列为培训工作的基本原则。因此我们要深入了解校长的各种需要，从不同层次、不同类型、不同年龄、不同影响力校长的需要出发，培训目标体现分层分类，加强针对性、实效性，充分满足校长的需要，使校长们各得其所。

把握校长优势需要，培训内容贴近办学实际。在每个人的需要系统中，往往有一种占主导地位、最迫切要求满足的需要，这就是优势需要。不同工作环境、生活

阅历形成校长不同的优势需要。例如，某个各方面基础较好的学校，校长的成就需要可能就较强，就会去追求独特的教育思想、管理风格和学校特色。培训内容要贴近学校发展和校长发展的需要，要把握好"两个结合"，一是基础教育的核心问题和重点问题密切结合；二是与学校的教育教学改革和提高学校管理水平密切结合。培训中开展以问题为中心的校长培训，就是为了满足校长优势需要的对策之一。这种培训是从"书本知识"转变为"问题领域"，它借鉴新知识、新观念、新方法，着重研究教育改革和发展中的热点、难点或重大理论问题与实践问题，特别是解决问题的方法论策略，来满足校长提高自身思想政治修养、教育理论水平和教育科研能力的需要，从而为校长的积极性由潜能态向功能态转化提供必要的外部条件。

激发校长高层次需要，培训过程强调因势利导。美国心理学家马斯洛认为，人的基本需要可分为五个层次——生理、安全、爱、尊重和自我实现。需要的不断发展是人们改造世界的强大推动力量。遵循需要发展规律，校长培训要从目标、内容、方法、心理上因势利导，激发校长去追求高层次需要，使校长认识到高层次需要对自己适应社会、胜任工作是极其重要和必需的。

同时，对校长已产生和形成的高层次需要予以支持和鼓励，并为之创造与其相符的理论研究和实践探索的干部培训条件，使校长的发展需要焕发出可持续发展的强大动力。例如，培训骨干校长一定要确定高目标，制定高标准，在导师带教、引导学习、指导研究、帮助总结等方面提供最佳服务，帮助他们实现高层次需要。

研究校长元需要，培训原则注重以校长发展为本。马斯洛需要理论的研究中有一个常被人们忽视的领域，那就是元需要的研究。元需要是人们对自身需要的研究和探索的需要。它对个体当前需要的比较、选择、决策具有监控、协调、统合的作用，进而对个体行为产生重大的影响。元需要可以使人进入一种领悟状态的高峰体验，这种体验使人认识到什么是应该追求的并将其纳入自身价值的范畴，所以元需要对基本需要层次系统具有组建功能。

元需要能力是现代领导者的重要素质，当然也是中小学校长的必备素质。校长的元需要应该表现为监控、协调、统合三方面需要的关系：长期需要和近期需要的关系；表面需要和本质需要的关系；系统理论学习需要和实践工作指导需要的关系。这些关系体现了以校长发展为本，使校长稳定地、不断地、持久地发展。校长培训原则要注重为其元需要能力的提高提供有效的理论指导和实践的探索。

二、培训着力点：促进校长个性充分发展

当今教育改革和发展的至善是注重人的个性发展。校长培训也要着力为个性发展创造一些条件。所谓校长个性，是指校长在学校管理过程中所表现出来的稳定的、影响其领导行为的、与他人有所区别的心理特点的总和。具有鲜明个性的校长，能培养出有个性的教师和学生，办出有特色的学校。

适应校长个性发展阶段，实施"生命周期培训"。校长个性的成熟是岗位锻炼和培训的结果，它是一个成长的过程。刚上任的校长不太成熟，依次成长为初步成熟、比较成熟、完全成熟。校长的成长就像爬梯子，一个校长进入成长台阶时，刚开始会因工作不熟悉而困惑，继而为自己的成长感到兴奋，也会因工作具有挑战性而更加努力。但当掌握了应付他所能认识到的工作技能时，如不扩大探索实践的领域和模式，停滞不前的现象就会产生。校长成长过程具有起点晚、周期较长、成熟较缓慢的特征，校长培训应实施促进个性成熟的"生命周期培训"。何谓"生命周期培训"？它源于美国管理心理学家卡曼的"生命周期理论"，其核心是：有效的管理应该提供与被管理者个性成熟程度相一致的管理。生命周期培训是指为受培训的校长提供与其个性成熟度相一致的培训。

对不同"生命周期"的培训，要配之不同的培训模式和课程模式。注重规范性，培养合格校长；注重选择性，培养特色校长；注重个体性，培养骨干校长。注重科研学术性，培养名校长；学习的研究程度、实践程度、自学程度随着成熟度提高而增强。

促进校长个性主动发展，倡导自主选择学习。个性差异，一开始就被心理学研究所关注。校长培训要把校长的个性差异当作一种资源来开发，倡导自主选择学习，促进校长个性主动发展。这是"以人为本"学习方式的重大改革。校长培训模式应是一种专题或菜单式、积木式的选择培训，让校长按需求选择学习内容和形式。校长培训课程可以是集群式、菜单式的课程体系，校长根据学校发展和本人现实需要或发展需要选择课程。例如，有的校长为建设校园文化、形成学校特色而选择艺术类的课程，以提高自身文化品位和艺术修养。

尊重校长的主体地位，建立新型教学关系。校长培训面对的是活生生的千差万别的有思想、有情感、有个性的校长个体。他们是办学的主体，也是培训的主体。因此，要尊重校长的主体地位，充分调动校长学习的内驱力，建立起新型的教学关系。一是师生之间的关系是平等的、对话式的、民主的、开放的。这种平等和尊重体现

为人格平等、角色平等、心理平等，是全方位的平等。二是教师和学员的角色是多重的。培训者是教师，也是组织者、协调者、促进者、资源库，更是服务者，是学员学习的激励者、陪伴者。学员是学习者，也是设计者、参与者和讲授者。丰富的角色为培训过程中的教学相长，促进学员个性充分发展搭起了一个更为宽阔的舞台。三是教师和学员是互动的。教师要不断丰富和更新自己的认知结构。西方成人培训专家对培训者提出三维要求：培训内容的知识和经验、设计和实施培训课程的技术、对学员的关爱度和帮助度。这对我们进一步理解现代培训者应具备的职业修养与素质是有益处的。

培训质量的保障体系

现代中小学校长培训不是单一地传递教育管理理论，而更突出校长创新能力的孵化和教育创新的指导，渐显培训、研究和发展的整合功能和效益。作为人力资源开发的中小学校长培训，是提高校长综合素质和综合能力的有效途径。通过有效的培训，可以提高校长的教育理论素养和解决实际问题研究能力，将教育科学理论转化为具体可操作的行为模式，直接运用到教育管理实践中去，真正地做到学以致用，达到以学促变的目的，推进素质教育的全面实施。

中小学校长培训质量如何主要取决于培训发展目标、培训模式、培训课程内容体系以及培训者队伍、培训服务支持等一系列因素。这些因素是相辅相成，交互链条式影响的。因而，要使中小学校长培训的目标真正得以实现，培训工作必须走质量内涵发展的道路，构建一整套科学的培训质量保障体系。

中小学校长培训质量保障体系是指全面提高培训质量的工作体系和运行机制，是以提高培训质量为核心，以培养高素质高水平的中小学校长为目标，把培训过程的各个环节合理组织协调起来，形成一个职责明确、相互协调、相互促进的有机的运行体系。科学合理地构建中小学校长培训质量保障体系是一项系统工程。其构建中必须全面完整地理解和定义培训质量，确立以人才培养目标为核心，以培训活动输入和过程管理为重点的培训质量保障策略，来设计、组织、运行培训活动。

中小学校长培训质量保障体系主体由培训决策系统、培训运行管理系统、培训信息与督导系统、培训服务支持系统、培训质量发展系统等构成中小学校长培训质量保障系统的框架。系统间协作配合，高效率地运行，突出培训的规范化和科学化，才能保证培训的高质量。

一、培训决策系统

培训决策系统对培训目标和质效起着总体方向性作用。决策系统在认识把握培训性质、质量作用因素和发展规律的前提下，对培训指导思想、培训规划、培训目标、教学计划和培训内容进行科学的决策。培训决策系统对培训发展起着一定的控制性作用，因而决策是培训质量如何的关键性因素。

中小学校长培训决策系统是在教育部有关教育政策方针下，结合地方社会和教育发展的实际来进行的。决策核心层行使培训管理和业务指导职能的教育行政部门，相关培训基地提供决策咨询服务。为加强决策的科学性和客观性，尽量避免经验主义和直觉意识，培训决策实行多级教育行政部门纵向延伸和培训机构横向互动，从集中单一的决策中心，发展成为多级多元决策中心，从一次性拍板决策转化为多次论证性决策，因地制宜，依据科学研究提供信息咨询来科学决策。

在培训目标的宏观决策上，针对现实又不局限于现实，对中小学教育管理发展方向加以预测和论证，使培训目标具有一定的前瞻性和超前性意识。培训计划的制订与修订主要体现出培训计划的可行性与针对性，本着对中小学校长通过培训搭建科学的知识结构，使其在培训中学识、能力均衡发展，研究、创新同步并进。课程设置和培训内容安排针对社会发展的需要和考虑教育实际的情况，搭建动态模块型的培训内容结构体系。"问题为本"，视教育教学管理中的热点、难点问题为培训内容，把现实问题研究和教育实践指导切入理论培训中，实行按需施教，学用结合。如本着中小学校长在新课程改革的特殊地位，培训工作要紧扣课改步点，适度地先行一步，将课改相关内容植入培训中。培训内容既做到精选优化，又呈开放态势，在时间上向未来延伸，在空间上向世界拓展，及时补充学科前沿研究的新成果，充分体现培训内容的时代性、包容性和实用性。课程体系构建从分析校长岗位的职业能力入手，改革单一的学科型课程模式，以职业能力为本位来开发课程。

二、培训运作管理系统

培训运作管理系统是培训的"生产"实施系统，也是培训质量保障的主系统。其培训组织形式、培训方法的运用，都将直接影响培训效果与质量。多年来，我们实行"分级培训、分级管理"的原则，行政部门进行计划组织、指导协调和管理服务，培训基地承担培训教学，职责明确，共同实施。

培训的运行与管理都是需要培训者来实施的，培训者队伍素质是决定培训质量高低的最活跃的变数，抓好培训者队伍建设是提高培训质量的关键。培训者队伍包括培训管理队伍和培训师资队伍两支队伍。首先使培训者认识到中小学校长培训在教育发展中的重要地位，从而增强使命感和责任意识，发挥了培训工作的主动性和能动性，增强开拓意识，把创新理念切入培训过程中，不断提高培训水平。加强和完善培训者队伍建设，宏观掌握师资情况，进行统筹安排，实行教师联聘，优势互补，充分发挥优质资源的作用。鼓励教师到教育一线挂职锻炼，强化培训实践环节体验，积极组织培训者参加培训、进修、考察，实行人才有序流动，优化师资队伍结构。

在培训过程中不断改革创新，以适应中小学校长实际需要为前提，以提高中小学校长整体素质为目的，创造性地探索，构建学用结合、可操作性强的培训模式。培训着重专题研讨交流，引导反思实践，突出受训者的参与意识与能动作用，强调师生互动合作，积极推行培训过程的教学"双主体"思想。采取案例分析、问题辩论、情境教学等多种教学形式，使课堂教学从传授式向互动式发展，从灌输式向启发式转变，从信息单向传递向发散交流转化。教师作导入性的精讲和释疑，指导学员自学读书，强化教育实践培训，培养解决实际问题的能力。充分发掘培训基地的高等师范资源优势，让在校师范生与中小学校长进行"零距离"对话，把中小学教育实践与高校理论研究结合起来，把高等师范人才培养和中小学教师素质统一起来，促进基础教育与高等教育的互动式沟通和有机衔接。

加强培训管理，建立健全各项培训管理制度，形成一定的刚性约束。严格培训管理，规范培训行为，渐而把培训工作纳入科学化、规范化、制度化的轨道。针对培训对象的特殊性，培训管理应移植一些灵活性的做法，以符合成人教育、校长培训的特点，让学员自我管理、自我服务，形成一个宽松、高效的培训管理环境。

三、培训信息与督导系统

培训信息与督导系统是由质量信息系统和质量督导系统两部分组成的，两者相互依托、密不可分。信息采集与反馈处于开放形态，实行多渠道多形式构成一种纵横交叉的信息交流和双向高频的反馈网络。对培训过程中的培训教学、培训管理、基地建设等各种信息进行吸收、分析，使培训需求信息、教育适应状况信息，以及培训运行过程中的培训效果、培训质量信息，能够通过速度快捷、反应灵敏、准确可靠的系统进行反馈。及时对培训工作中出现的问题进行研究、解决，提出新的培训发展要求，使培训工作不断递进，始终在一个新起点和更高水平的层次上运转和发展。

逐步完善信息与督导系统，基本形成培训前实施培训基地的培训资质认定，培训中组织调研检查，培训后开展评估总结的督导模式，加强校长培训的目的性和适应性，并使其成为一项经常化、制度化的工作。

培训基地是培训的直接实施者，也是培训组织的主体，其教学组织、管理服务、师资队伍都直接关系到培训质量。开展培训基地的培训资质认定，是培训工作持续发展的基础性建设，有效地对培训基地办学起着督导作用，主动提高适应培训发展的需要。在培训过程中，启动一系列的培训督导机制，检查和监督培训各个环节的秩序和质量，形成监督调查—发现问题—反馈师生—总结经验—研究策略—指导改进的工作模式。根据需要采取实地考察、听课制度、问卷调查、跟踪采访、座谈研讨等多种形式，有针对性地开展突出性问题的调研，广泛地听取参训学员、基层办学单位对培训工作开展的建议，深入了解中小学教育一线校长的需要和教育实际，及时、准确地掌握各地培训动态发展情况，特别是培训计划的执行、培训课程设置、培训教材选用以及培训中是否按需施教，与中小学教育实践相结合等，针对不同层次、不同类型培训质量情况进行分类指导，总结和推广成功的培训经验，认真分析中小学校长培训的特点，提出对策性应答。还应实行学科培训考评制度，对培训过程进行抽查和考核，组织观摩培训活动等，形成有效畅通的信息反馈渠道。建立起较为客观的质性评估与量化评估相结合的长效评估体系，形成培训评估制度，开展培训课程评估、培训基本建设评估、教学质量、学习质量评估等。实现对培训工作的宏观调控与指导。通过评估，对成功做法经验和存在的问题以及影响培训质量的因素，进行全面归因、分析，提出解决方案。以评估为激活点，以评促建，重在建设，对照评估指标，督促提高培训质量。同时对培训决策提出有价值的建设性意见，充分发挥培训评估工作的参谋咨议作用。

四、培训服务支持系统

高效优质的培训服务支持体系是提高培训质量的基础性和物质性保证。结合师范院校布局调整和培训基地资质认定，形成与培训任务相适应的多级培训网络，逐步在各级培训基地中引进竞争机制，促成多方参与格局和竞争合作的机制。增添培训设施，提高生活服务质量，改善办学条件，推动基地的标准化、现代化建设。培训经费投入上调动多方面的积极性，统一经费标准，进行专项补贴，保障中小学校长培训工作的开展，提高培训基地的整体水平。使中小学校长培训机构的功能性逐步完善，进一步提高服务意识和水平，为中小学校长培训提供良好的服务环境和必要的物资支撑保障，提高办学质量和效益。

为适应培训信息化、网络化的要求，运用现代信息技术，积极建设现代远程教育网络，发挥现代教育技术和信息技术的优势。育人环境一定程度上影响着培训质量。优良的校风、学风对学员起着潜移默化的作用，是培训质量的环境保障。把学风建设作为引发培训隐性课程功能，充分调动和发挥学员学习的积极性，形成强烈的自主发展的氛围，让中小学校长认识到培训是教育发展的需要，是自我完善的需要。针对新形势下学员的思想实际，排除社会不良风气的干扰，营造健康向上的校园文化和良好的学习氛围，诱发其学习上进的意识，激活学习动机。

五、培训质量发展系统

培训质量发展系统，是培训工作的后续和延展，对培训质量起着巩固和发展作用。中小学校长培训不应仅限于200~300个学时的集中学习培训，而要突破囿于课堂培训的框框，进行时间上的延续和空间上的拓展，把培训延伸到生活中，深入到工作中，与教育发展实际有机地结合起来。其培训形式是多样化的，可采取异地挂职锻炼、系统对口交流、学历提升深造等。汲取外地先进的办学理念和优秀的管理经验。鼓励培训后的中小学校长扎实有效、持之以恒地开展自学活动，逐步形成一项在岗自学制度。校际间加强横向交流，改变"集中学、学后扔"，回校后只顾忙于事务性工作的弊端。培训院校牵头组织学员开展课题研究，学员在工作岗位上承担着课题任务，进行全方位培训合作。通过平时自学，中小学校长在集中学习时掌握教育理论知识，得到进一步巩固。在学校管理实践中边学习边实践，不仅用理论指导了实践，反过来还深化已掌握的教育理论知识，学用结合，从而提高校长教育管理实际水平。巩固深化培训成果，培训院校组织力量，对已培训学员主动进行跟踪调查，建立培训后发展档案，结合学员在岗教育教学管理能力实施情况，指派教师进行辅导指导，并把优秀中小学校长回聘到培训院校为新的校长培训班现身说法。

提高培训质量需要培训科研的支撑，充分发挥培训研究对培训质量提高的重要作用。当前我国基础教育正在经历着前所未有的深刻变革，在改革深化过程中出现新情况、新问题，中小学校长培训迫切需要通过研究加以回答并运用正确的理论指导改革实践。成立教研科研组织，把学术交流与师资培训相结合，研讨培训中出现的新情况和新问题，探索实用有效的培训模式，相互借鉴学习。在注重理论研究的同时，要紧密结合培训实际工作，将积累的经验进行提炼概括，从感性意识提升到理性形态上，提升到中小学校长培训规律性上，进一步提高培训实际水平。组织开展课题研究，研究成果都将直接服务于培训改革，有效地指导推动着新时期中小学校长培训工作。

名校与知名校长

谈到名校与知名校长,先阐明一个观点,即一所知名学校的每一任校长,并不一定都是名校长;一位知名校长所管理的学校也不一定原本就是知名学校。然而,在一所学校从后进变先进、从一般跃为知名的过程中,校长起着关键作用,这是毋庸置疑的。知名校长不是"自然"产生的,而是岗位锻炼和培训的结果,有一个成长发展的过程,有其自身成长的规律。

当前,能被社会认定为知名学校的大体分为三种类型:

第一类,校史悠久的学校。学校在当地形成了相当高的知名度,至今保持着良好的社会信誉。这类学校具有长期形成的独特的办学思想和办学风格,有一代代名师和由这些名师带出的一支优秀的教师队伍,有良好的生源和办学业绩。并在新时期在自身原有优势的基础上,改善办学条件、改革教育教学方法、稳定提高教育质量等方面表现出强大的生命力,办出了新特色,取得了新成绩。

第二类,资源配置上乘的学校。由政府投入办学的,有较好的办学设施,地处人才密集区,有良好的办学文化氛围和生源,教育质量稳定地保持较高水平。上述两类学校都被确定为省、市级或区(县)级重点中学或示范学校,成为社会上众望所归的名牌学校。

第三类,新崛起的一批学校。这些学校受到社会资助,或者由于校办产业的超常规发 展,有了雄厚的办学经济实力。学校改变了外观,建造了漂亮的现代化校舍,购置了各种先进的教学设备;进而提高教师的待遇,稳定了原有的教师队伍,吸引了优秀的教师来校任教,从而使学校进入良性循环,赢得了社会信誉,跻身于名校行列。

据统计,国内拥有上百年历史的中学与小学均有 600 多所。从 2010 年起,由多家教育媒体组织举办了"中华百年名校"[1] 评选活动,每两年一次,并以"学校具有百年以上历史(含前身)""今天依然是全国或当地名校"作为入选标准。目前已经举办了 4 届评选活动,进一步提升了基础教育的地位和品位,挖掘、传播了名校的教育思想和深厚的文化底蕴。

名校的立名之本在于办学质量高。众所周知,基础教育的根本任务在于全面提

---

1 原为"中学百年名校"评选,2012 年第二届评选结果发布时正式更名为"中华百年名校"。

高国民素质，直接关系到我国未来的国民平均素质能否适应经济和社会发展的需要。因此，衡量一所名校的标准，不仅要看其有没有漂亮的校舍、高考升学率的高低或者国家、省、市各类竞赛金牌的多少，更要看它是否有现代教育观，是否有教育教学改革（包括教育目标、教育内容、教育方法、教育手段的改革）的意识、举措，是否拥有一支适应教育改革和发展的教师队伍，还要看它是否有良好的校风，是否有健康、和谐、生机勃勃的校园文化。一句话，要看学校是否能从一切环节上体现出把学生培养成全面发展的、有健全人格的人的思想，这是一所名校办学质量高低的根本标志。

名校是稀有资源，应成为基础教育的排头兵、领头雁，作为地方示范校、样板校，可以引领区域内学校争创名校的意识，促进基础教育领域你追我赶的竞争局面的形成。同时要防止有些学校利用较好的办学设施和名牌效应，向义务教育阶段的学生家长收取各类"赞助费"，造成教育领域的不公平竞争，产生负面效应和影响。

知名校长不一定来自名校。一所学校的校长能否在社会上"知名"，不在于他是否在一所名校任校长，而在于他是否保持并提高了一所学校的知名度，或者是否使一所不知名的或后进的学校变成了社会上认可的知名学校。因此，所谓"知名校长"或是创建知名学校的产物，或是在校长专业发展中有着卓越表现。

第六章　共同的教育

☆ 长三角城市群教育联动

☆ 省域统筹教育资源均衡发展

☆ 校报校刊的育人功能

☆ 征文与评审

☆ 教育新媒体策应家校协同教育

☆ 校外教育协同育人

☆ 做读懂孩子的父母

长三角城市群教育联动

长三角城市群率先发展是国家战略赋予的历史使命。十八大以来，国家层面加大政策保障，大力促进长三角城市群率先建设成为改革创新的引领区、现代化建设的先行区、国际化发展的先导区，打造具有较强国际竞争力的世界级城市群，期待长三角城市群通过率先改革发展在引领国家经济社会发展转型中发挥更大的带动作用。

长三角城市群的教育改革创新发展、联动发展和一体化发展，可为长三角城际间深度合作发展提供引擎和支撑，这既是由教育特有的战略性、基础性、先导性作用及功能所决定的，也是贯彻落实《国家中长期教育改革和发展规划纲要（2010—2020年）》提出的综合改革试点任务的重要环节，还吻合了长三角城市群解决创新驱动、转型发展中共同面临的人力资源开发和创新发展等重大战略问题的共同诉求。

一、长三角城市群教育发展总体态势

长三角城市群是经济与社会先发地区，是全国教育资源最丰富的地区之一，教育发展在国内处于领先水平。各级各类教育体量较大，带动性较强。[1] 而长三角城市群中心（副中心）城市上海、杭州、南京的教育在区域内起着发展引领作用。各项数据表明，长三角城市群总体上处于良性发展、高位发展状态。特别是沪、宁、杭三市的教师队伍、办学条件、信息技术运用等均远高于全国水平，基础教育发展水平在全国名列前茅，高等教育在全国占据重要的地位。

教育部教育发展研究中心和上海教科院发布的《2014年全国15个副省级城市教育现代化水平评价报告》显示，在15个副省级城市教育发展指数排名中，长三角城市群副中心杭州和南京分列综合指数第4位、第5位，在全国迈向教育现代化的整体格局中居于相对领先位置。《2015年全国15个副省级城市教育现代化水平评价报告》显示，监测评价包含的4个一级指标，杭州在其中3个一级指标（教育公平推进指数、教育质量要素指数、教育条件保障指数）中排名前3位，南京在2个一级指标（教育质量要素指数、教育条件保障指数）中排名均为第1。可见，宁、杭二

1　长三角地区教育发展年度报告编写组.长三角地区教育发展年度报告（2014）［R］.上海：上海市教育委员会，2015.

市处在国内教育格局中的重要地位。从"十二五"完成情况来看,杭州率先普及 15 年基础教育,南京成为第一批国家级义务教育均衡发展省辖市,上海义务教育均衡发展在 2014 年整体验收通过,长三角城市群教育高位发展由此可见一斑。

纵观长三角城市群中心(副中心)城市的教育历史与发展走向,其教育先发是一个良性发展的过程,其间蕴含着长期的治理积淀,逐步凝练出适合本区域的教育理念和教育思想,各项措施也在实践中不断优化与完善,尤其是教育决策不再是简单的政府部门一己之见,而是从更多细节上折射出人本主义精神,充分体现出民意所在。[1]

二、教育发展经验与特色

基本实现教育优质均衡发展。沪、宁、杭三市加强城乡统筹与设施标准公共基础教育资源配置机制,目前都处在义务教育高水平均衡发展阶段。南京市支持名校延伸到新区或开发区,让教育优质资源有序放大;开展中小学校长教师"区管校用"试点,大力推行小班化教学,在全市 174 所学校实行。杭州着重通过名校集团化办学战略,融合城乡,快速提升办学质量。上海市将特级教师、优秀教师评选与进入农村乡镇工作挂钩,形成毕业生到农村、骨干教师交流、城乡对口合作交流的机制。

在义务教育学段择校一时难以避免的背景下,南京倡导"择校到民办",做到信息透明公开。杭州城区实现"零择校",通过创新机制在资源配置、师资队伍、经费投入上积极引导,形成教育公平系列组合拳;结合城市人口分散与布局,采取的名校集团化办学见效,缩小了学区、学校间的差距。

学前教育高起点发展。推进学前教育"增量、提优、普惠"工程,学前教育第二轮三年计划中构建了经费、设施、教师等保障机制,扩大资源建设,有效地解决了入园难矛盾。各市均实行幼儿园扩班补贴,"砖头人头两头补",着力扶持集体园,有计划地应对幼儿入园高峰和由于放开二胎形成的"计划外"幼儿入园高峰。在幼师培养上推行 3+4 模式,合作培养本科学历,满足学前教育师资队伍建设高起点需要。南京市省、市优质园比例达到 84%。上海市学前教育投入明确了生均经费标准,政府承担其中的 88.51%。

高中教育推行多样化特色化发展。上海突出创新素养培育,开设研究课程;高中与当地高校联合,形成联合办学特色,加强优质、特色高中建设;部分学校推行

1 钱立青,江芳,谢华国.基于合肥市融入长三角城市群副中心城市"十三五"教育事业发展规划编制调研报告[J].安徽基础教育研究,2015(1):26-31.

选课、走班，体现教育"选择性"。杭州市在中职教育方面特色明显，实行的"工学结合、校企合作改革"富有成效，形成了"杭州样式"。

师资队伍进入良性发展轨道。严格教师入口关，凡进必考，凡调必考。教师实行梯队建设，开展青年教师"青优"、学科带头人、特级教师、正高级教师的评优活动。结合教师继续教育，开展入职培训、提高培训、拔尖培训三个层次。通过4年一周期的"校长发展学校"，促进名校长培养与成长。

第三方评估助力科学考量。各地显现政府职能加速转变，渐而形成社会化教育评价制度和激励政策。通过第三方评估，侧重技术诊断评析，为相关教育项目提供信度高的评估分析报告。

三、存在的共性问题

学前教育发展处于短板。公办普惠型幼儿园总量不足，"入园难"特别是"入好园难"的问题依然突出。幼儿园区域分布不均，幼教师资依然欠缺。教师与保育员大多没有入编，同工同酬难以实现。

城乡教师资源配置不均衡问题依然存在。首位表现在推进校长教师有序交流方面，各地尚无良策，目前尝试推行的措施机制明显局限于"碎片化"，没有达到整体解决的目标。

进城务工人员随迁子女就学压力对教育优质均衡带来了挑战。长三角属经济发达地区，产业优势聚集了众多的进城务工人员，随迁子女就学与资源配置的矛盾压力持续增大。如杭州市进城务工人员随迁子女占比高达43%，由此带来义务教育段班额过大，对小班化教育实施带来压力。

四、区域间教育联动发展指向

教育联动发展是基础、是动力，更是长效机制。长三角城市群教育协作联动发展正逐步形成共识。站在国家战略全局的高度，长三角城市群率先推进区域教育综合改革试验，在改革中突破现有体制机制中存在的壁垒与制约，通过强弱互补、强强合作，提升区域的整体水平和影响力。在教育合作、共建和共谋发展的理念指导下，有效利用各自的竞争优势和有利条件，从联动合作解决长三角城市群教育发展的共性问题入手，主动探索推动教育公共治理的新机制，探索区域教育协作改革发展新途径。

深化区域融合发挥辐射作用。积极融入长三角教育联动发展平台，增强高端要素集聚，主动在机制创新、项目平台、基础设施等方面合作推进教育综合改革。推进合肥经济圈、皖江城市带承接产业转移示范区等区域的教育教学合作与交融。改变行政区划壁垒、教育管理及评价体系不同等制约着教育协同合作的因素，充分利用科教创新城市的独特优势，加强区域内高校在政策研究、课题攻关、人才交流、资源交互等方面深度合作。

省域统筹教育资源均衡发展

基础教育均衡发展事关人民群众的切身利益，以及社会的安定及协调发展。倡导均衡教育发展，建构社会主义和谐社会，政府有责任推进基础教育均衡发展。切实针对基础教育资源非均衡发展的现状，分析和研究当前教育资源失衡原因，以制度重构和宏观调控为框架，形成科学发展的资源配置思路，提出相应的控制差异发展的方法和策略。

破解城乡义务教育均衡发展的瓶颈，关键在于加强教育治理体系和治理能力建设，统筹配置教育资源。以政府为治理主体的省域统筹教育资源着力点体现在机制创新上，强化顶层设计，打破现有资源利益格局，因地制宜形成适应持续发展的教育统筹治理方式，并在行进中敦促教育资源动态性均衡，为深化教育领域综合改革夯实基础。

影响当前教育公平的主要因素：基础教育发展的不均衡现象，主要表现在城乡之间、区域之间、学校之间的教育发展水平存在着较大差异，以及不同群体受教育的机会存在着较大差异。基础教育阶段存在的不平衡状况归结于教育资源配置的不均衡，具体表现在缺乏完善的资源配置制度保障；教育政策的制定存在发达地区取向或城市取向；现行人事制度政策阻滞城乡教师的有序流动。

教育资源配置发展思路：教育资源配置是一个庞杂的系统，由于区域、城乡、校际以及群体间发展水平呈现非均衡，需要在政策起步上区别对待，根据教育发展自身规律与经济社会发展的均衡性之间的关系特征，因地制宜地通过政策与制度层面，以政府主体干预形式进行维护和调节教育资源发展的"均衡态"。只有通过自上而下建立和完善资源配置机制，确立基础教育政策均衡的主攻方向，采用"补齐短板、凹陷托举"等发展思路，才是保障教育资源得以均衡配置和充分利用的关键所在。

省域统筹教育资源均衡发展政策指向：实现城乡区域一体化制度，其核心所在就是涉及优质教育资源配置和解决稀缺资源的利益冲突问题。区域内教育资源配置的非均衡现状是源自原有政策、制度缺失或不健全，急需通过政策的执行、制度的创新来主动调节和纠正。省级教育行政部门在教育治理上可以行使较强的自主决策权、调控权和管理权，针对辖域内基础教育的协变、共生特点以及存在的形态差异，分类制定教育公用经费的标准、教师编制标准、学校办学条件标准或定额，因地制宜显示更少以行政手段实现统筹协调，重在宏观层面监测与调控教育资源配置，加大对基础教育均衡发展的支持力度。

具体的对策建议如下：

统筹规划创新城乡一体化发展机制。省级层面统筹治理重在顶层设计，重点实现三个统筹：一是统筹教育发展需求和经济发展供给的关系，解决城镇化带来的中心城市和县镇教育资源紧缺的矛盾；二是统筹整体优质资源拓广和薄弱学校结对帮扶的关系，消除"大班额"与生源匮乏的矛盾；三是统筹农村生源递减和留守儿童动态变化的关系，解决乡村学校规模发展与留守儿童上学距离过远的矛盾。坚持"以城带乡、城乡共进"，确立以强校带弱校，实行捆绑发展，形成城区优质学校与农村学校建立发展共同体，实现联盟组织跨区域平衡发展和补偿机制。

创新政府主导下的多元主体参与协同机制。确保在省域基础教育经费投入上的均衡控制，使区域内依照梯度调控，在多元投入机制下，始终坚持"补短板、保基本"政策，教育建设项目和资金优先保障偏远贫困地区和薄弱学校需要，并向乡村小学和教学点倾斜。建立生均公用经费动态调整机制，确保学校办学基本需要并逐步提高保障水平。省级教育主管部门综合发挥政策引导、制度约束作用，统筹调节与平衡基础教育的财政投入，加强对农村贫困地区和薄弱学校的支持力度，整体缩小城乡学校间资源配置的差距。实行省级财政转移支付按梯度进行统筹，并适当向财力困难的区县和基础条件薄弱的学校倾斜，因地制宜地推进教育资源配置的补偿，着力改变农村教育"短板"现象。

强化公共教育资源互融增益资源配置效率。在省域内择点试行公共教育资源互融共享，破除阻碍基础教育资源有序流动的壁垒，发挥资源互补与交融功能。拓展与增加优质教育资源，促使发达地区的优质教育资源辐射贫困农村或偏远地区。确立教育资源开放性建设理念，并以资源开放促进资源的包容与更新，增加资源效益附加值。选择样本地区，探析区域内教育资源互动交流模式，以捆绑、结对、链接、领跑等多种方式，加强师资团队、课程教学和创新平台等资源的流动共享，形成高效的推进公共教育资源开放互融机制。实施乡村学校标准化和信息化建设工程，适时推进基础教育数字教育资源开发与应用，扩大农村地区教学视频、网络课堂等线上教学的优质教学资源覆盖面。

完善均衡发展评测与保障体系。加强省域统筹治理，确立推进城乡基础教育资源优质发展为目标，构建科学、动态的推进教育均衡发展评测与保障体系，增加服务型政府的社会监督和信息透明度。研制义务教育均衡发展的监测督导与评价标准，科学评价区域内教育均衡发展水平、优质资源共享状况，呈现出让公众能够看得懂的、简明的、清晰的评价指标。探索建立督导机构独立履行职责的体制机制，引入第三方民主监督，对省域统筹下教师配置、经费保障程度和学校发展均衡度进行监督。运用媒介宣传力量，强化社会、学校等相关主体对城乡教育资源配置的正确认识，努力改变农村教育发展的生态环境。

校报校刊的育人功能*

当前，从国家层面，到基层学校组织，都在大力倡导与推进校园文化建设。校园文化是一所学校软实力的体现。加强校园文化建设，是提升学校品位、践行社会主义核心价值体系的重要载体，是全面推进素质教育、培养高素质人才的重要途径，也是实现学校内涵发展、加快教育科学发展的现实需要。

众所周知，校园文化包括物质文化、精神文化和制度文化三个方面，需要全面、协调地发展，才能为学校树立起完整的文化形象。良好的校园文化氛围能规范学生的行为，使他们自律，优美的校园环境使学生的行为操守更加规范。校刊校报正是校园文化实现目的的途径和载体。在调研中发现，一些中小学创设了校刊校报，为师生员工开展丰富多彩的寓教于文、寓教于乐的教育活动提供重要阵地，使师生员工教有其所、学有其所、乐有其所，在求知、求美、求乐中感受春风化雨、潜移默化的启迪和教育，有助于陶冶校园人的情操，塑造校园人的美好心灵，激发校园人的开拓进取精神，促进校园人的身心健康发展。

校园文化建设是一项长期而艰巨的任务，不能急功近利，要循序渐进，将校园文化建设与社会主义精神文明建设有机统一起来，使之互相促进，真正发挥校园文化的育人功能。

一、在校园物质文化基础建设的同时，突出校园精神文化建设

校园精神文化建设是校园文化建设的核心内容，也是校园文化的最高层次。它主要包括校园历史传统和被全体师生员工认同的共同文化观念、价值观念、生活观念等意识形态，是一个学校本质、个性、精神面貌的集中反映，逐步成为全体成员的共识。一般来说，校园精神文化又被称为"学校精神"，并通过进一步凝练，具体体现在校风、教风、学风、班风和学校人际关系上。

良好校园精神文化，有利于浓厚的教育、学习氛围的形成，也能在教育直接难以达到或不能充分发挥效用的地方产生影响，校园文化发挥着"隐性教育"功能，成为教育的向导和有益的补充。校园精神文化是不断适应社会精神文化发展要求的，是校园主体精神社会化的过程和缩影，能通过其特有的精神环境和文化氛围使校园

---

* 选自2017年8月14日在安徽省首届校园文化暨校报校刊高端培训班上的讲话。

内的每个人在思想观念、价值取向等各个方面与现存社会文化趋同，实现对人的精神、心灵、性格的塑造。因此，中小学在校园物质文化建设的同时，坚持"两手抓"，使校园物质文化建设与精神文化建设相辅相成，相互促进。

二、注重制度文化建设，强化校园文化建设的创新，凸显个性化与特色化

"不以规矩，不能成方圆。"一所学校，须有一套完整的制度，但是要赋予制度以文化色彩，使制度"文化"化。学校在制定规章制度中，应突出价值观念、素质要求、态度作风等，给制度以灵魂，强调人的理想信念、奋斗方向、做人准则，把精神要求与具体规定有机地结合起来，把"软文化"与"硬制度"熔于一炉，铸造出刚柔相济、软硬相容的"合金"式的规章制度。使之既能起强制作用，又能发挥激励规范的作用，使师生在执行制度、遵守纪律的同时，享有自尊，实现自我价值。

中小学在校园文化建设内容上，既要继承弘扬中国传统文化的精华，同时又要积极吸收有益外来的校园文化的新观念、新经验，使传统的文化向现代文化方向发展，使校园文化更具有时代性、科学性、独创性。同时，各校由于所处的地理区位、经济发展等方面存在着差异，在校园文化建设趋同性的同时，还要继续保持各自独特的风格，呈现多样化、特色化、个性化。

三、以育人为根本，丰富校园活动，充分发挥校园文化的教育功能

中小学本着人才培养目标，非常注重发挥校园文化的教育功能。这种功能不同于平常的教师教、学生学的课堂教学以单向灌输为主的教育形式，也不是以强制性的手段来使学生接受教育，而是通过在耳濡目染、潜移默化中感染学生，使学生真正分享校园文化建设的成果，得到全面健康的发展。

学校的育人主要通过校园文化活动（认知活动、养成活动、训练活动等）展开。根据学生的身心特长，寓教于丰富多彩的文化活动中，让学生在活动中求真、求知、求乐，使他们在参与中自我教育、自我管理、自我发展。学校要根据不同年段的学生的认识结构、兴趣特点、能力水平和心理、生理特性，设计和采取多样活动内容和活动形式，加强社团组织的管理和建设，充分利用社团活动的群众性、广泛性、参与性的特点，多形式、多层次、全方位开展各项活动。

校园文化为学生追求个性的发展，追求精神生活提供了展示的平台。多彩的校园文化生活适应了学生精神需求的多样化、个性化的特点，良好的校园文化氛围可塑造学生形成尊重个性、发展个性的空间。多彩的校园文化活动，培养了学生的兴

趣，开阔了学生的视野，增长了学生的才干。同时，激发和强化师生员工的文化意识，使大家受到浓烈的感情熏陶，产生归属感和自我约束力。

关于校刊校报的发展，说一点感受。从个人来讲，笔者是校报校刊的受益者。中学时代的学校组织举办的一本油印的文学社刊物，薄薄的一册，却足以让正处青少年的我们有了对美好世界的一种向往，也给了自己一份文化的自信。今天笔者还收藏有安徽师范大学江南诗社的创刊号，还有自己举办的连续编印的社团刊物，这些可能是一生受用的财富。经此来看，校报校刊对一个人的成长是非常关键的。但是，随着网络作为"第四媒体"进入校园，校园网络文化以其独有的方式深刻地影响、改变着学生，特别体现在学生的认知、情感、思想和心理上。校报校刊坚守传统方式的同时，要与时俱进，抢占网络思想文化阵地，弘扬主旋律，突出网络思想性、导向性、理论性、亲和性、多样性。让校报校刊成为主体努力构建健康文明、艺术化、蓬勃向上的校园网络文化环境，使学生在这种文化环境中既获得信息素养和审美能力，又具有正确的信息价值观和道德观。

征文与评审 [1]

中小学师生征文比赛是一项传统的教学活动。每年各地都以独特或策划的主题开展各类征文比赛，其中确实能提升师生的写作能力素养，使之形成一大批充满魅力、富有创新的真我作文。将这些好的作品结集出版，可以说是凝练着师生作文的精粹，打造成为本区域精品的师生写作范本。但从眼前的浩繁卷帙中遴选，并非易事。作为评委，深入评选当中，能从字里行间享受文字的温度与情分，不免喜出望外。但不经意中也会遇见难分伯仲的情形，自然令人纠结。最为重要的是要讲求公平、质量。

一、以宽容之心看待学生的习作

作为一名教师、一名评阅者，首要的是持有一颗宽容之心。特别是对待也许略显稚嫩的学生习作，应多一赏识，少一点苛责；给一些鼓励，提几条建议。评阅时要拿出耐心勘探式地在文字中发掘孩子们的"藏宝"，认真琢磨他们的心思。孩子毕竟是孩子，他们的文章静待生长，要以欣赏的眼光去看待孩子的习作，孩子的文章会回馈给你惊喜。

二、把握优秀作品的评审尺度

好的作品大多具备几个特质：一是符合儿童的语言特征，以儿童的视角表达。指导者切莫将成人化的套话语言强加给孩子，这样就破坏了儿童语言的自然与朴实。二是能体现出一定的思想性。这一点是难能可贵的。不要因为学生年纪小，而忽略作品的思想性，当然，学生作品中的思想性是潜在的、隐性的，是需要我们从中提取的。这点也应该符合学生心智发育的特点，家长或老师指导时也不要将成人的思维强加于孩子身上。三是在语言表达上有亮点，有新意。一个精于阅读的孩子，经历语言的积累，必然将内心感受诉诸笔尖上的灵动。

三、教师笔下要注重求真

教师的文章，无论是撰写专业的学术论文，还是发表生活感悟的随笔，首先强调的是真实坦荡。为师之道，贵在求真求实。千教万教，教人求真。教师要率先垂

---

1 选自在 2018 年第二届中小学师生作文大赛评委会上的发言。

范，在自己的文字上，一定要践行真我表达。近年来，抄袭造假之风严重地侵蚀了师德师风建设，要引以为戒。二是文章应精心谋篇布局，不可急功近利，无章无法。其实征文的背后，是要督促教师广博群书，勤思善写，笔耕不辍，这样的日积月累，才会不断提升个人写作素养。三是文章贵在创新。新时代教师要肯于不断地思索。行中有思，思中见行，积极将思想内化为文字的表达。

教育新媒体策应家校协同教育

当今的社会是一个既充满竞争又需要广泛深入合作的社会。对于教育而言，人才的培养需要学校、家庭、社会"三位一体"式的协同合作，这种参与式的教育已经成为我国教育改革和发展的必须高度重视的问题。进一步加强学校和家庭的合作，需要借助沟通与合作的平台或载体。随着科学技术的迅猛发展和信息化浪潮的不断推进，新兴媒体步入了大众的视野并深刻改变着人们的思维、生活和交往的方式。这些新兴的媒体当然也成为家校合作的新载体。充分利用这些载体，创新沟通与合作的模式，规避其负面影响，发挥新媒体在家校合作中的新效能已经成为当前教育理论研究和改革实践的新课题。

从传统课堂到"翻转课堂"，从教室学习到在线教育，从班级授课制到泛在学习……信息技术一次又一次带给教育新的体验和冲击，几乎每一次技术革命都引发了教育变革。目前很多中小学也都开通了自己的微信订阅号，并成为学校信息化应用的一张亮丽名片。

教育新媒体具有开放性、平等性、即时性、交互性、异质性等特点。它使信息传递的速度更快、范围更广、内容更丰富，给家校的沟通与合作带来了新的机遇。本处所提的教育新媒体即中小学官方微信订阅号平台。微信作为移动互联的产品，不仅具有网络平台的开放性、交互性、即时性等一般特点，其传播更具有选择性、精准性、定向性等特点，目前义务教育阶段的中小学生的家长多为"80后"，基本上每人至少一部手机，只要愿意，便能享受不受时空限制的泛在学习，为家校教育传播准备了得天独厚的媒体生态环境。而且，针对一些家庭教育的隐私问题，微信平台服务还能实现隐私保密性。

当教育遇到新媒体会产生什么？当然不是简单的教育与信息技术的叠加。首先，它总是基于最新的信息技术平台来传播；其次，最根本的是需要专业的教育媒体运营：拥有专业资深的教育团队生产丰富的教育内容，并且按照专业的新媒体思维来运营传播。教育新媒体不仅是新媒体传播者，更是专业教育内容的生产者，兼具教育属性和新媒体属性。

教育是一个复杂的系统，由与学习者相关的家庭、学校、社会三方形成家庭教育系统、学校教育系统、社会教育系统，这三个系统之间遵循子系统间的协同理论，各子系统对其他系统存在信息流渗透，并相互交叉影响。比如，一名学生在家庭所接收的信息会不自觉植入学校教育，并影响学校教学对学生的教育效果，而该教育效果又会反馈到家庭之中，影响家庭教育的自我纠正意识和诉求，甚至行为。教育发展自然而然地产生了一种需求：家校协同教育。

家校协同教育，即学校起主导作用，家庭和学校在教育孩子的过程中协调一致，相互支持和配合，以最大限度地发挥各自的优势，弥补各自的不足，实现教育的最优化。《学习——财富蕴藏其中》中也曾指出，密切有效的家校合作是提高教育效率的前提，充分发挥家庭和学校的优势，家庭教育可以支持和强化学校教育，学校教育又能够引导家庭教育，即双方优势互补、合作竞争而达成协同教育。

传统的家校协同教育，比如家访、家长会等形式，存在次数有限、过程短暂、持续性差、衰减快等问题，尤其是受时空限制，不能及时反馈，具有滞后性，且交互性差。在沟通的内容上，传统家校协同仅仅止于向家长单向度输入孩子在学校的学习、作业情况，更多只限于联络工具功能。在沟通组织上，比如家长学校，经过调查发现几乎形同虚设，最多是用来开开家长会。因此，急需创建一个独立运营的家校协同教育组织机构。

学校对学生在校的诸多表现及心理情绪等在家庭教育上的归因，以及对教育的一致性诉求，从而对家庭协同教育越来越重视，但是，协同主体即家长的教育素养的欠缺却阻碍了家校协同。大部分中小学家长也对家庭教育的意识及榜样意识逐渐增强，但教育方法和能力却有限，因此，基于家长教育素养建设和提高的创新，家校协同教育平台和内容诉求越来越紧迫。在这种情况下，基于衔接与耦合的家校协同教育功能的中小学官方订阅号平台的教育新媒体便应运而生。

一、将传统家校协同方式与新媒体相结合，以跨界的思维加强方式方法的创新

由于教育新媒体的技术特点，其在沟通与交流工作中具有独特的优势，因此，学校要在家长会、家访、电话访问、座谈会、交流会等传统方式的基础上，充分利用新技术，将传统与现代相结合，以多视角、多关联的跨界思维创新模式，满足不同形势下家校合作的需要。

家校双方对新媒体要有一个科学态度，要熟悉新媒体作为家校协同新阵地这一有效平台的运作方式，提高运用能力，缩小交往的心理距离。当然，新媒体需要家校双方共同研究、共同探讨信息发布的方式和内容，制订合理的计划，避免信息的单向度传输和信息的泛滥，弱化和干扰家校良好的合作关系。

二、建立家长培训学校，加强媒体素养教育

在一定意义上讲，当前的家庭教育在观念、方法等方面仍然落后于学校教育。家庭教育的失误容易削弱学校教育的正面作用，甚至让教育对象无所适从。因此，建立家长培训学校，提高家长的素养和家庭教育的质量，提高家长参与学校管理、教学能力和水平是提升家校协同水平和质量的重要方式。家长培训学校要做到计划性、周密性、丰富性、针对性和时代感的统一。家长的培训内容要经过家校双方充分讨论后共同确定。

在新媒体环境下，学校要及时将媒体素养教育纳入家长培训的内容，培养家长健康的媒介评价能力，并督促家长充分利用好新媒体提升自我，参与学校教育和社会发展。对于校方，学校在加强对家长培训的同时，也应加强学校师资队伍和管理队伍建设，通过多种方式提高媒介素养水平，主动引导和参与良好家校关系的构建。

三、中小学微信订阅号项目的创新模式

新媒体技术的迅猛发展及广泛应用，给当下家校关系及其合作带来了难得的发展机遇。家校双方都应坚持用新思维，将传统和现代相结合，发挥各自优势，取长补短，创新家校协同的方法和手段，不断提高家校双方自觉参与学校教育、教育对象成长成才全过程的主动性和自觉性，不断提高家校协同的能力和水平，进一步拓展家校协同的时间和空间，使家校之间的交流更为便捷和多样，成为家长之间交流的新载体，客观上也有利于构筑新型的家校关系。

实证跟踪研究发现，家长通过学校订阅号平台，不断交流学习，提出问题，并得到专家解答帮扶，在这个不断循环的过程中实现了家长教育素养的提升。中小学订阅号联盟将学校、家庭两个子系统汇聚于同一平台，学校的教育信息、学生的学习和成长状况、家庭的教育行为等信息流在此不断交汇互融，并面向社会公众开放，邀请家教模范达人参与到平台的内容建设中来。更重要的是教育新媒体化的专业运营，每日持续制作和传播专业的家校教育内容，有效地解决家庭教育和学校教育的问题和困惑，并以专业课题研发支持持续发展。这种开放性、多元化、交互共享的教育新媒体平台，让家校协同教育不再是一句空谈，开启了家校协同教育的创新模式。

校外教育协同育人

校外教育多指少年宫、儿童活动中心、少年之家等校外教育机构对学生进行的多种多样的有目的、有计划、有组织的教育活动。校外教育的对象是少年儿童,校外教育机构大多利用青少年的闲暇时间,通过指导学生自愿选择组成的小组活动或集体活动,发展学生的兴趣爱好,拓展学生的特长,完善学生个性,培养他们的健康人格,以此促进他们全面和谐地发展。

校外教育着重对学生的语言能力、身体运动能力、视觉空间能力、人际沟通能力等进行培养和提高,这些能力是人的全面发展的基础性智能。从与学生的关系角度而言,学生在校外教育活动中处于中心地位,是学习活动的主体。校外教育不同于以传授知识为主要目的而产生的班级课堂教学,而是学生在已有知识上充分施展自己的智能,进行独立思考、独立活动、独立创造。校外教育是以帮助学生学会认知、学会做人、学会合作、学会生存为主要内容,以培养学生完善人格,促进人的全面和谐发展为动机的教育活动。

校外教育改变了"学校教育是教育活动,学校教师才是教师"的传统观念,校外教育有其特点: 第一,校外教育是有别于课堂教学的真正的实践性的教育。在辅导教师指导下培养青少年学生的创新精神和实践参与能力,学生是主体,教师是辅导而不是主导。学生主动地设计每一个活动环节,在活动中积极参与,真正动手动脑。第二,校外教育具有自主性。体现在学生自主意识、主体意识的张扬,如自主设计活动内容,自主管理、自我负责表现在自己的活动自己管,自己的事情自己做等自主性精神。

校外教育,中学生是主体,学生有自我选择、广泛参与各项活动的权利与自由,同时有发表自己看法、发展自己个性的权力。在校外教育中,师生的关系在人格上是平等的,师生关系在校外教育活动中是指导者与被指导的关系,即教师在活动过程中占主导地位,学生在活动中占主体地位。在校外教育机构教师育人的过程中,教师对活动起的是指导作用:

对学生的行为起规范的作用。因为校外教育中的学生是一个世界观不成熟的个体,教师通过对活动的适度指导,引导他们掌握良好的自理行为规范,与人交往的规范,将符合社会要求的行为习惯化为学生自身稳定的行为特征,以促成学生行为符合社会规范化。

对学生的活动内容起影响的作用。辅导教师在指导活动的过程中可以保证并促使活动向健康积极的方向发展，提高学生明辨是非的能力。

对学生活动的质量起引导的作用。在活动过程中引导学生明确活动的主题，避免选题的随意性，促进活动质量的提高，使学生在活动过程中身心都得到健康发展。

校外教育的师生关系在教育过程中是互动关系，存在着相互的期待：学生希望得到教师的启迪和引导，教师期望学生获得各方面的发展。教师用目光、语言、表情、姿态、动作等一系列具体形式来体现，学生对教师的期待表现为学生对教师学识与品行的期待上，师生的相互期待是师生互动的动力机制。在师生互动的过程中体现教师主导与学生主体的互动即一种"共享"的关系。这是校外教育机构教师育人最主要的特点。

少年儿童校外教育面临着新的发展机遇：一是实施素质教育为少年儿童校外教育提供了良好的育人环境。二是实施素质教育也同时为少年儿童校外教育活动提供了更大的舞台。三是实施素质教育同时为少儿校外教育提供了更多的手段。但校外教育也面临着挑战，能否在最大程度上满足少年儿童成才的需求，能否最大程度上满足家庭教育计划的需求，能否最大程度上满足社会发展对多方面人才的需求，决定着少年儿童校外教育的生存与发展。

只有建设好一支能够担当起实施素质教育重任的校外教育工作者的教师队伍，培养好一大批既热爱少年儿童，有责任心、兢兢业业，又懂得现代教育理论，具有现代教育观念，掌握现代教育手段，有创新精神的高素质的校外教育工作者及教师才能在少年儿童校外教育中按照素质教育目标的要求开展活动，用新方式、新手段去实施素质教育的总体要求。

做读懂孩子的父母

《光有爱还不够》是法国著名精神分析学家、儿童问题专家克洛德·阿尔莫的著作。书的开篇就对父母惯常之爱的一些错误观点进行了析解与讨论，直接指出了父母的爱与"一般意义上的爱"之间的区别。更为突出的是，书中明确提出了"没有教育意蕴的爱不是真正的爱"。这句话让人警醒：光有爱是不够的，还得有教育。因为教育才是孩子成长的驱动力。

父母和孩子都应该明白爱究竟意味着什么。高尔基曾经说过："爱孩子，那是母鸡也会的事，可是，要善于教育他们，这就是一桩大事。"客观来说，如今的家长，并不是都会教育孩子，许多时候就没有处理好爱与教育的关系。读完这本书，我厘清了一个规律，爱的延伸与教育的弱化是同步的，爱的本质膨胀与感情的借口也是伴生的。因而，父母对孩子的爱要有所节制，在爱的基础上绝不可忽略教育的问题。关涉家校合作研究中，家长问得最多的问题当属"我该怎样做，才能更好地教育孩子"。家长作为孩子人生中的第一任老师，如何把握好爱与教育的尺度，确实是一个难题。

一、爱和教育的前提是先懂孩子

其实教育自始至终都应该是一种伴随着情感的行为。如果缺少了同感共情，教育和被教育就会成为一种对抗关系。两代人间若没有情感沟通，没有共情与理解、尊重，即便灌输得再多，对方的吸收都寥寥无几。美国著名教育家杜威曾经说过："儿童不是尚未长成的大人，儿童期有其自身的内在价值。"我们要把孩子当"孩子"看，了解他的心理成长规律。其实，我们只是"爱"孩子，而不"懂"孩子，我们只给了我们"想给"的，而没有给他"想要"的。孩子要什么呢？他最需要的是："你懂我。"

因而，为人父母首先要理解孩子，努力找到与孩子沟通的密码：接纳孩子的情绪，认同他的感受。父母要能俯下身来，倾听孩子的心声，理解孩子的感受，站在孩子的立场思考问题，这样势必就会多一分理智，少一分冲动。接纳孩子的情绪，也能让孩子更直接地感受到父母的爱，体会到父母的理解和支持。

二、把握教育准则和爱的底线

在孩子的成长中，光有爱还不够，我们需要遵循基本的教育准则。从《光有爱还不够》这本书中可知，教育准则最为重要的是"道德"二字，教育的至高境界是教育孩子学会做人。现实生活中，父母对孩子的教育不要跟着主观感觉走，因为自己随意的言行却可能成为孩子的主导意识，势必会影响孩子成长。有时我们也要转变爱的方式，或改变教育方式，把鼓励与鞭策螺旋式呈现，真正地处理好赏识教育和责任明确的关系。在爱与教育中，要让孩子学会独立，父母伴以解释、示范和耐心支持。要给予孩子自由活动的时空，也要给予孩子放飞心灵的翅膀，让他们在生活和学习中获得愉悦，使他们的特点和创造性在释放中展现，但切不可放纵。努力做到爱与教育的适度相融，这是孩子成长不可或缺的元素，也是父母的职责。

三、帮助孩子构建自我

有人说，教育是结束一种快乐，而去寻找另一种更适合其年龄的新的快乐。其实，这种快乐就是指成长，只有成长，才能带给孩子持久的快乐。孩子一生的发展中，父母是驱动孩子成长的主推力，并产生深远影响。爱孩子，就是让他能够拥有渐行渐远的能力和勇气，就是让他能够拥有拥抱世界和未来的能力。要帮助孩子发现他自己是谁，他喜欢什么，他想要什么，帮助他发展自己的潜力，塑造自己的生命和个性。同时，要教给孩子生存规则，要将自己的个性更好地融入社会。帮助他发现真实的自我，帮助他把自己的独特性和身份意识融入群体中。真正的父母之爱，其实是默默地帮助孩子构建自我，并为孩子提供前行的基准点与参照系。

附　录

践行行知精神，弘扬行知文化*
——校园文化访谈录

　　校园文化是一所学校办学特色和综合水平的体现，也是学校培养适应新时代发展迫切需要的高素质人才的内在要求。合肥师范学院始终坚持学陶师陶，以人为本、德育为首，通过创设良好的校园环境，达到校园文化"润物细无声"的潜移默化的教育效果。为深入践行行知精神，弘扬行知文化，2020年4月13日，《合师小教》记者丁宇轩采访了安徽省陶行知研究会副秘书长钱立青教授，请他就相关问题进行解答。

　　采访者：钱秘书长，您好！大学校园文化建设，对丰富学生的精神生活，培养其高尚的道德品质是极为重要的，合肥师范学院校园文化建设是以陶行知教育思想为核心的行知文化，您认为陶行知教育思想对当代教育有哪些启示呢？

　　钱立青：我们学习与研究陶行知教育思想，其根本任务就是如何落实立德树人。陶行知的教育思想，与我们今天所倡导的立德树人的要求是高度吻合的；我们现在谈教师队伍建设，谈争做"四有"好老师，这也与陶行知教育思想如出一辙。2014年教师节前夕，习近平总书记视察北京师范大学时发表了重要讲话，他勉励广大师生争做"四有"好老师，其中多次引用了陶行知先生的原话。由此看来，陶行知教育思想在今天依然具有重要的时代价值，尽管时光过去了几十年，但我认为从来没有过时，仍然与今天教师队伍建设的要求非常契合。作为一所师范院校，就要充分发挥行知精神在办学育人中的引领作用，特别是在师范生的培养当中，强化树立"两代师表"意识，其目的是为引领师范生今后走上教师岗位、塑造合格的人民教师提供必备的人格和精神积淀。

　　采访者：您如何理解我校行知文化和行知精神的内涵呢？

　　钱立青：我校行知文化建设是一项系统组织，顶层设计体现在"一训三风"上，即以"爱满天下，知行合一"为校训，"诚朴包容，精细雅致"为校风，"为人师表，教学相长"为教风，"勤习慎思，品学兼优"为学风以及"自强不息，追求卓越"为合师精神，这些都是围绕行知文化为核心，相互融为一体的。近年来，学校大力

---

　　* 原文刊于《行知研究》2020年第2期。

促进行知文化与办学育人工作的深度融合，发挥行知精神在教育教学中的引领作用，以行知精神作为校园文化建设的核心理念，将陶行知教育思想贯穿于人才培养、科学研究、社会服务和文化传承的每个方面，贯彻到每一个办学育人的环节当中来，着力构建具有鲜明特色的行知文化。

学校坚持"学陶师陶"，将"陶行知教育思想"这门课程作为我校的一门特色课程，这是行知文化构建的核心课程，也是小学教育专业的一门主干课程。这门课程不仅在教育专业开展，还在全校师范生中普遍开设，甚至非师范生也可以选修，这就是希望大学生都能够通过这门课程的学习，对人民教育家陶行知的教育思想进行系统的学习与认识，认真实践与贯彻其教育思想，这样的课程也凸显了我校的办学定位，将行知文化与办学育人深度融合，行知文化渗透到教育教学中的每一个环节、每一个角落、每一个教学细胞中，让学生们浸润在陶行知教育思想当中。

今天，合肥师范学院行知文化建设已经形成一个良好氛围，走进校园，一些显性的如物理设施、道路、楼宇，都能够体现出行知文化的一些表征，但更深刻的是全校已经将行知文化与办学管理、人才培养紧密地联系在一起。2019 年，以学校党委书记徐成刚牵头开展的"以行知文化引领办学育人，推进三位一体的教育教学改革"研究，还荣获了安徽省教学成果奖特等奖，充分体现了我校行知文化在办学中的价值。

我校坚持"举行知旗，走应用路，创师范牌"的办学特色是非常清晰的，这里的"行知旗"，不仅涉及师范教育，还是整个应用型办学"知行合一"理念的表现。而陶行知的教育思想，无论是生活教育思想，还是师范教育思想、普及教育思想、创造教育思想，这些教育思想都是成体系的，我们师生现在的学习就是不断地构建自己的知识体系，对这些理论性的思想、原则、方法进行消化吸收，并加以落实，与我们的教学实际相结合，这样就创新地形成了学校独特的行知文化。当然，全国有很多高校都在打造行知文化，那我们的特点是什么？我认为，我们的特点就是将行知文化和精神真正地融会到教材、课堂、学生的活动、实践中，如行知学堂就是行知文化引导下的一个典型样板，学校师生将陶行知"小先生制"的教育方法创造性地运用到大学生志愿服务活动当中，为地方的留守儿童或者是一些特殊的群体提供服务和辅助教学，取得了较为显著的成效，也形成了"行知学堂"实践活动志愿服务活动品牌。这里的"小先生制"正好和当下"教育帮助弱势群体的平等就学"工作结合起来，让陶行知教育思想在新时期重放光彩，这非常具有现实意义，也与大学生创新创业融为一体，实际上这就是对陶行知教育思想的一种拓展与创造性的运用，也体现了我校行知文化的独特性与创新发展。

采访者：请您谈谈作为在校师范生，我们应该如何践行行知精神？

钱立青：行知精神的内涵是极为丰富的，爱满天下、乐于奉献是行知精神的精髓灵魂，国家至上、人民第一是行知精神的价值内核，行动为先、知行合一是行知精神的根本特征，求真务实、勇于创新是行知精神的关键所在。通过仔细研究就可以发现，行知精神的内核和社会主义核心价值观有许多的相同之处，这些是难能可贵的。作为在校师范生，我们要向伟大的人民教育家陶行知先生学习。陶行知爱国，他时时牢记"我是中国人"；陶先生重奉献，"捧着一颗心来，不带半根草去"；陶行知谈"知行合一"，实际上是我们应用型高校办学中需要确立的一个重要理念，不能只一味追求专业教育、理论教育，而最终都要落实于实践。陶行知倡导"知行合一"，"行动是老子，知识是儿子，创造是孙子"，就是要以行动为先，首要是注重行动，在实践中出真知，只有让这些知识明了并内化于心，再来考虑创新创造。如果今天的师范生只是从学习书本上获取一些知识，知其然而不知其所以然，甚至一些教条的知识并不能得到吸收理解与合理运用，更谈不上融入与创新，那这种学习可能就会效益低下，就难以达到今天所培养应用型人才的要求。

采访者：您认为行知精神与"四有"好教师有何联系呢？对学习有哪些启示？

钱立青：习近平总书记提出的"四有"好教师，实际上是新时代"好教师"的一个标准画像，也是我们千百万教师孜孜努力追求的方向。"四有"好教师呈现四个维度，第一是理想信念，陶行知先生的教育理想信念体现在"千教万教，教人求真；千学万学，学做真人"，突出"求真"思想，教师教的层面上求真，学生学的层面上求真，构成了一种教育理想。第二是道德情操，其核心点就是奉献精神，习近平总书记当时引用了陶行知的这句朴实的话语："捧着一颗心来，不带半根草去"，这是多么崇高的思想品质。第三是扎实学识，这实际体现在教师专业化发展的问题上。陶行知先生曾以家乡歙县的一句俚语"出世便是破门，进棺材才算毕业"，表达了"活到老、学到老"的思想，这正是今天强调教师专业化学习中的持续学习、终身学习的思想。总书记强调教师要有扎实学识，"扎实学识"是不能从天上掉下来的，而是需要不断学习、一点一滴积累下来的。也就是说，毕业后我们怀揣一张大学文凭，并不能表明学识扎实，我们在大学里所学的知识可能只能用一时，不能用一世。时代在变化，许多学问很快就会过时，很快就会被淘汰，我们要不断地进行新知识的补充。像我毕业二十多年了，如果这期间不主动地学更多的知识，可能今天都无法张口，因为很多知识是具有时效性的。所以，要具有扎实学识，需要同学们苦练本领，提高自己教育教学技能等教学基本功，为今后当好一名教师打下坚实的基础。作为教师，我们要确保自己有一桶水，才能保证学生可以得到一碗水。我们都有体会，为什么有些老师讲课时可以滔滔不绝，能把深奥的道理阐述得浅显易懂，让学生醍醐灌顶，而有些老师讲课的时候，可能仅仅是书本上干巴巴的几条，其中的差距主要是学习与准备。今天在校的每一位同学都要打好基础，不光学习知识信息，也要增强能力。第四是仁爱之心，这点关联着师德建设。当前许多学校出现的一些教育问题与事故，或是教师和家长产生的矛盾，一方面由于社会问题的复杂性，我们暂不评价，但是从教师自身的角度来看，还是有很多教师存在一些问题的，这个问题体现在哪里呢？就是教师在教育岗位上缺少一颗爱心，有些人只是把教书当作一个任务，并不是当作一份自己用心热爱的事业。世界上许多伟大的教育家，在这方面都起到表率作用，包括苏霍姆林斯基、陶行知，他们都是用爱在教育。这里我要讲的是上海的于漪老师，"人民教育家"荣誉称号的获得者，她对教学情感的投入是难以描述的。在怎样做好一位老师方面，她说过"一辈子做教师，一辈子学做教师"，多么虚怀若谷。据说她90高龄了，仍然坚持每天学习，切实做到一辈子都在学习。而我们很多同学在专业化成长路上刚刚起步，有时就有些松懈，我们学够了吗？学足了吗？其实还有很多需要学习和加强的地方。所以，作为青年学生的你们，完全可以把习近平总书记提出的"四有"好老师作为前进的标杆，去严格要求自己，深入学习与领悟陶行知教育思想，不断丰富自己，提升自我，使教书育人的基本素养更加厚实，使我们今后在教育岗位上能够得心应手，展示出一位优质教师的基本要求，这就是合肥师范学院对师范生的培养一个非常好的价值取向。

采访者：对于小学教育专业大学生的专业学习与发展，您有何建议？

钱立青：对于小学教育专业大学生的专业学习与发展，我想强调两点，一是做好实践性知识与经验的积累，二是做到实践与反思相结合。

实践教学是这些年应用型高校教学改革中尤为强调的，因为我们发现，在校园里纯粹的理论学习，有时效果并不那么好。所以要走出去，我们现在推行U-S合作，就是university和school协同，意思就是大学和中小学合作培养师范生，这是比较有效的。我们一边在大学里培养师范生的以理论为主的基本知识和基本能力，同时通过实践、实习、实训等各种路径，让师范生在中小学一线教学岗位上进行锻炼，和基础教育的学生、老师亲密接触，就是临床式的一种学习形式。这样师范生以后适应岗位的能力可以不断提升，而且是一种真正意义上的教育学习，重视实践教育，这一点与陶行知教育思想也是融合的。陶行知先生提出生活教育，他认为，我们在生活中时时刻刻、方方面面、无时无地不在接受教育，我们的实践教育与陶行知的生活教育关联度是比较高的。陶行知思想是一本厚厚的书，需要我们不断地去挖掘，不断地去运用，我们学校推行的行知文化，就应该全面覆盖教育教学，让我们把知识和行动相结合起来，把理论和实践相融合起来，"行是知之始，知是行之成"，这就充分体现了"知行合一"的价值所在。

当然，强调实践教学，不是忽视文化知识学习。对于小学教育专业的大学生来说有三个目标，第一个目标是学科知识性的目标，知识层面的学习内容必须掌握，不要认为这些东西书本上都有，电脑里面都有，而是要加以理解、掌握和吸收，切实做到内化于心。第二个目标是注重"行"的能力目标，要把大量的知识转化成自身的能力，这点尤为重要，因为我们不是知识的存贮器，最终是要随时随地地应用学到的知识。第三个是情感、态度、价值观的目标，这就决定了今后如何做一名合格的教师，首先要从师德的角度，从担当的角度，确立一份对社会负责任的态度。当下的大学生，最大的问题就是对社会的责任感不够，凡事多从自我的角度思考，甚至有些人呈现出利己主义。我们希望师范生要确立一份社会责任的担当精神，要有一种磨炼自己、求真知、做真人的品格，这与弘扬行知文化是一脉相承的。

对于经验和反思，我认为一个人的发展不能总是低头学习，这样学习效率就会比较低，吸收转化的效果也不好，很难形成一个螺旋式上升状态。有时，我们可以像老牛吃草一样，多回头看看哪些地方的草没有吃到，问题出在什么地方，这就是要我们学会反思。反思是当前专业化成长的一个非常重要的路径，反思能解决发展的瓶颈，大多是给自己找不足，给自己做总结，给自己确立新的方向。反思要站在一定的高度，要有一种自我批判的精神与勇气，不要一味地保护自己，要不断地回头看。有反思的意识是第一位的，其次反思有一些技巧和方法，有人习惯纵向比较，就是与自己以往的做法比较，也可以横向比较，与别人比较。当今的反思还可以借助一种数据分析，看出自己在哪方面做得好，哪方面有不足。我认为，只要人有反思意识，就是有上进心，在不断地催促自己，自我加压，就能慢慢地转化成一种动力，这也是落实总书记提出的教师要具有扎实学识的要求。怎么样才算是扎实呢？我们可以在好中求好、优中求优，不满足于现状，通过反思不断进取。实际上，现在的大学生也会有意和无意地进行一些反思。其实国外教师专业成长中非常倡导反思，比如建议教师每天都在博客空间上写教育叙事，让教师对自己的教学进行总结，用教育叙事的方式袒露出教师心里的话，实际上这就是一种实践反思。

其实，反思不一定都是针对不足的地方，好的现象也同样可以进行反思，这样的反思还是给自己的一种鼓励。换言之，就是我们不光要对问题进行反思，也要对优点重新审视，比如可以思考为什么今天这堂课效果比较好；为什么今天课堂上的演讲得到师生一致的好评，到底好在哪里；究竟自己把握好了哪些方面：是准备得比较充分，还是临场发挥、情绪拿捏得比较好，或者是语言表达，或者是仪表形象等，这些都是反思的对象。认真比较与思考，对师范生如何调整自己、完善自我都会大有帮助的。

采访者：谢谢钱老师与我们分享这些宝贵的经验和想法，我们一定要以总书记提出的"四有"好老师作为标准，严格要求自己，在积累实践性知识的同时加强反思，不断修正自己的思维，使知识和经验系统化，有效提升自己的专业技能。

莲荷盈盈 *

1985 年秋学期伊始，迎来了第一个教师节。

黑板、讲台与一束鲜花的构图，成了那个时代尊师重教的一个基本标识。从这一年起，举国上下都掀起了尊师重教的热潮。

这一切都伴着改革的春风而来。时代越是向前，知识和人才的重要性就愈发突出，教育与教师的地位和作用就愈发凸显。当时各级政府都高度重视，先后举行了教师节庆祝和表彰活动。那时我上初中了，学校还决定教师节放假半天，而老师们都欣喜地领到了一台袖珍收音机，一个个拉着长长的天线，满脸幸福地收听着广播。那一幕，我记忆犹新。

而印象最为深刻的是，在教师节前日，当地党委政府给辖区内一千多名教师送发了一封"慰问信"。这张铅印的粉红色八开纸上，饱含了"尊重知识、尊重人才"的信念，传递了让教师心头热乎的一句句问候。

当时，父亲在中心学校担任校长，他的岗位职责是既要做好本校的教育教学工作，还要管理与指导全区的中小学。以当地党委政府的名义送发"慰问信"的草拟任务，就委托父亲所在的学校办理。

父亲先安排教导处的周主任来草拟文稿。这位周主任是中学语文教师，从师范学校毕业以来，教学成绩在全区名列前茅，其他方面表现也相当不错。为了写好这封几百字的"慰问信"，周主任没有少花功夫。

初稿拟成后送交父亲审定。文稿基础应该还不错，前面部分是党的政策和改革开放的大好形势，转而写出了群众的愿望和教师的发展空间。通篇文字也颇为顺畅。父亲看后表示赞赏，也善意地提示了几个地方。我当时在一旁看《十月》上的小说，听父亲说，作为面向全区中小学教师的"慰问信"，拟稿人的站位要变，不能局限于一所学校，字里行间要充分表达党委政府对全区教师工作的肯定与节日的祝贺，尽可能体现出教师的社会地位与影响。父亲还说，这也不同于一般的春节慰问，注意客套祝福语辞所表达的对象是特定的教师，而且是第一次教师节，意义深远。在文章修辞与表述上，父亲提出要大气、简洁，面向中小学教师与教育工作者，既要通俗，也要讲究文采。排印前的终稿，父亲动笔略改了一些。而在最后一段，父亲

* 原文刊于《教育文汇》2020 年第 9 期。

圈改不少，记得他用红笔添写了"艳阳高照，莲荷盈盈"类似的语句。

这封粉红色的"慰问信"批量印制后，分发到全区各所学校，很快又转送到每一位教师手中。街头巷口的宣传栏和学校大门口，都在醒目处进行了张贴宣传。虽是薄薄的一张纸，但许多教师接到时，都逐字逐句认真地阅读，自豪与荣誉洋溢在心头。他们眉宇之间绽放的喜悦之情，正释化了那个年代教师的一种朴素情怀。

围观在宣传栏前，聆听一位长者放声念读，当读到"莲荷盈盈"四个字时，我感觉眼前大放光明，心中自然勾画出一幅美好的画面。那是一种展望，就是教育正蓄力作为，全面推进社会进步与发展。我感觉到了教育具有一种改变社会的功能与莫大的力量。

这封"慰问信"，后来成为当地的应用文范本，多年的教师节一直被套用。不变的是，当地人保持着浓浓的"尊师重教"的情怀。

三十多年过去了，尊师重教一直是响彻我们耳畔的关键词。习近平总书记号召全党全社会要弘扬尊师重教的社会风尚，让广大教师享有应有的社会声望。在这个人民教师无上光荣的伟大时代，在教师节来临之际，回想起那句"莲荷盈盈"，我又畅想起教育那种美好的场景状态。放眼大地，田田的青荷，给人满满的希望，一种梦想延展至远方，激励并敦促着我们这群教育人。

我的父亲，我的老师 *

很多人都读过《好父母胜过好老师》，从中读出父母是朋友、是玩伴、是师长，是孩子成长的重要力量。而我最为幸运，有一位好父亲，他也是我一生的好老师。

我的父亲执教讲坛四十余年，教书育人饮誉一方。父亲更是我的终生老师，善教的他始终教育与引领着我前行。

父亲生逢特殊的年代，诸多原因让他无法继续自己的专业道路。他只身来到举目无亲的土地上，从一名乡村教师开始了他的粉笔生涯。丘陵相环的山凹间，品字形结构排列着三幢平房与一面飘扬的红旗，构成了童年的我对学校的基本认知。这所简易的学校里，有过我欢乐的童年，更有父亲十九年的艰辛与默默的煎熬，他把那火红的青春、燃烧的激情和严谨的作风都抛洒于校园的一草一木。

无法想象当时一颗年轻的心是怎样扎根于这片土地上，又是如何安然地执起教鞭当上孩子王的。这一幕今天似乎只能在张艺谋的电影《我的父亲母亲》里找到类似的场景。而父亲有着自我的诠释：当教师是幸运的，教师是传递文明的使者，可以在广阔的天地间植根自己的理想与冀望。

也许父亲说得没错，年轻的他与这所学校的命运是紧紧联系在一起的。学校师资短缺，父亲一人担任了多个学科教学；作为教者，他自己从未间断过学习，经常借来图书资料钻研到深更半夜；物资匮乏的年代，学校没有现成的教具，父亲就带头动手制作。记得毕业班晚上自习课，学校经费紧张得连煤油灯都点不起，于是父亲带领学生从山上采割松树油脂，自制油灯，照亮了教室，照亮了书本，也照亮了几十张乡村孩子红扑扑的面庞。

父亲的奋发图强，使这所名不经传的乡村学校一跃成为当地的名校，一次次地超越与成就了辉煌。当地的老百姓说，父亲是改变这里孩子们命运的第一人。桃李满天下，这所看似平凡的乡村学校，却走出来数以千计的人才，有专家教授，有文坛作家，有商海巨贾，有科技名流……那个年代教育领域还没有"素质教育"一说，但在我的印象中，父亲的教育教学方式却是真正体现了让每位学生都能挖掘出个性潜能。他课余时间组织学生排练话剧歌舞，前往水利兴修的工地慰问演出；倡导学生健身运动，环山越野长跑成了学校传统优势的体育项目；还亲自带领学生到山上

---

* 本文获 2016 年安徽省教育厅"我心中的好老师"征文教师组一等奖。

河边采集动植物标本，把农科教有效地结合起来。

无论作为一名普通的教师，还是二十多年的校长，父亲始终敬业、乐教、垂范，既诲人不倦，又严格要求，多年后学生们回忆往事对他依然发自内心地崇敬。一位著名的作家在访谈中，把他的成名和写作的成功都归功于当年父亲的鼓励和引导。那是父亲从一张作业本纸片上的寥寥数语，发现了这位学生有超凡的想象力和跳跃性思维，于是极力鼓励他多读书，勤练笔，直至他后来得以骐骥一跃。

在我的心中，父亲始终是双重角色，亦师亦友启蒙护佑我的成长。多年来他把对子女的深爱浸润在生活寻常的细节中，舐犊之情犹如细水长流般隽永。他积极引导子女阅读，在经济并不宽裕的年代，毅然订阅了《中国少年报》《安徽儿童》等报刊，并在同一盏灯下，与我们姐弟一起读书补充精神食粮；夏夜的星空下，父亲带我们玩成语接龙的游戏；腊月底年前，我们拿着父亲书写的春联在街头售卖，换来一册册的新书；父亲用纸片制作玩偶，让我在童年的伙伴们面前增添了炫耀的资本；还有父亲的琴、诗、书、画，无一不是我学习的榜样……在父亲心中，唯有以书籍铺就或文字码砌的道路，才契合他心底的价值取向。我的第一部学术专著出版，第一次全国性征文获奖，全是父亲在背后关切与教诲的结果。

在外读书或工作期间，每每回家，我最为兴奋的是能与父亲促膝长谈。因为每次直面交流，我所收获的不仅是学识，更有宽容和人生的道行。大学期间，父亲亲笔给我写了 47 封信，字里行间更多的是鼓励我、敦促我。而像许地山《落花生》中描述的那样的父子对话，在我儿时算是寻常事，案前垄上，父亲大凡以故事或实践明理，浅显而深刻，至今都在影响与鞭策着我。

一支粉笔，两袖清风，三尺讲台，撑起了一位人民教师的精神脊梁，也白描出父亲的儒雅、善良与奉献的形象。长大后我就成了你，师范大学毕业后，我以感恩的名义自豪地选择教师的职业，为师为父的他一直以微笑相伴着我的成长。

如今，我的这位好老师、好父亲却在一个寒冷的冬天离我远去了，而留下的是那些永不湮没的精神财富，以及烛光里永远绽放的笑容。

让研修培训成为新时期教育改革的"鞭子"*

非常有幸此行能与各位校长一起来台湾地区参加研修培训。我的身份是双重的，一方面，作为教育改革的研究者和服务者，迫切需要来开阔视野，充电提升；另一方面，作为校长培训的组织与促进者，对于培训组织也同样需要一个亲历亲悟的机会。与刚才诸位校长发言一样，赴台学习，收获很大。站在这里，我想与大家分享一点感悟，提出三点思考，也可以说是建议。今天的发言虽然倡导"畅所欲言"，但还是在围绕一个主题，临上台之前，想当然地起了个题目：让研修培训成为教育改革的"鞭子"。

一、一点感悟

就安徽的教育来看，近些年发展很快，也有着自己的特点，但也存在一些问题与短板，长时间没有得到解决，这些根源经常被人们归结为体制问题、政策问题或社会问题。

其实，要想真正解决体制问题的方法是学不到的，或者说，对我们校长这个层面来说，是不需要深入的。我们组团来台湾，究竟学什么？这是前几期培训班共同的困惑。来台湾，不是来学这里的教育体制，不是来学这里的外部环境，而是应该从教育内涵学习，从内因上寻找解决问题的良方。

值得高兴的是，在培训学习中校长们还是能抓住精要的、核心的地方，重点学其先进的育人理念，学其精致的办学细节，学其奉献的敬业精神，学其高效的运作实践。

昨天下午讨论的话题中有"适性教育"，我认为这个问题很好，很有实际意义。大陆教育与台湾教育，都在如一地践行孔子教育思想，"有教无类""因材施教"，在新时期都进一步发扬光大。

二、三点思考

这次研修班教学组织，在学习理念、培训模式、培训组织方面都精心安排，值得我们学习、深思，更需要改进。这方面的具体内容我回去以后以报告形式向教育主管部门报告。这里我想提三点思考或建议：

---

*　选自 2014 年 5 月 17 日在中国台湾铭传大学台北讲坛上的发言。原文刊于《安徽基础教育研究》2014 年第 3 期。

（一）对校长而言：学习无限延展

虽然研修班即将告一段落，但我认为研修班是不下课的，没有结束，永远不结束。真正的培训绩效更多是体现在培训后续工作上。

1.切实做到"学、思、行"结合

来学了，学什么？用什么？如何用？这是校长要思考的与要做的事，不单单是培训总结与论文，更重要的是有思、有行。学习后要对这次学习进行梳理、凝练、提升，更重要的是对我们的教育改革要起推进作用。也许，今天我们尝试性地迈出一小步，将会促进教育改革的一大步。

真正的学习借鉴，就是很好地体现培训绩效，合肥师范学院的"大学生愿景计划"，就是对来自台湾先进的办学思想很好的迁移。这次听武陵高中的林校长畅谈办学理念，我们能否把"四品"科学、得体、创新地引入学生工作中？

2.研修班活动常态化

研修班今后将以沙龙形式进行，每年1~2次。协同创新中心根据三项改革工作提供平台，开展课题研究、论坛研讨、合作平台。

（二）对铭传大学而言：追求品质卓越

铭传大学秉持"以追求教育卓越，培养理论实务并重，具备团队精神与国际视野之人才"为办学宗旨。2011年安徽教育中心成立以来，选派校长研修班赴台培训8期。每次培训收获良多。后面我们还要推进其他类别研修班培训。培训规模不断扩大，更需要实现精品化办学。

其实，每次铭传大学都精心安排，具有一定的经验与探索。但培训工作不是静止的，而是与时俱进，需要常训常新，可以说培训比之人才培养，更是一项富有挑战性的工作。

1.课程安排

目前培训研修采用的是课程模块式，模块选择具有灵活性与多元性，符合成人教育特点，但模块不是拼盘式，必须遵循一个架构逻辑。有关台湾教育体制、教育背景、宏观政策，要先掌握、了解。比如吕次长讲的课程，可以放在第一堂课，专题课程与参访形成问题—理论—实践三明治式。

2.参访学校

注重特色选择。时间不多，同质化学校不看。形式上可以变化，听汇报、提问题、看校园，三段式效果不错。

昨晚与范校长交流，比如让分组校长学员进入不同的学校，蹲点、顶岗不同管理岗位，全息式体验一整天的教育教学管理情况。

3. 翻转课堂

翻转课堂目前是一种较好的课堂教育改革形式。这个不能只停留在概念上的认知，更需要亲历亲学。作为一所学校教育改革引领者的校长，我们自己也要率先体验。因而，在培训教学当中可以率先尝试翻转课堂模式。

（三）对组织而言：定制服务到位

1. 培训前置

做好行前培训，不仅仅是学习事务知晓性培训，更需要有业务培训，应知应会的。我想策划编写一本教材，宏观层面集中全面反映台湾教育。组织两岸教育学者、管理者、实践者、培训者和受培训者，大家一起动手编。或者立项课题，培训教材，交流手本。建议由厅外事处、基教处与协同中心一起做。参加过培训的校长可以提供学习体会与工作实践。

力争下半年完成教材的编撰，后面来台学习的培训班成员，行前在合肥开设这个内容，提前完成，使学员早了解台湾教育，早作准备，学习的目标更明确。

2. 按需施训

按需施训，虽然这是培训工作中的一个老话题，但坚持做下去却不易。现在来台湾培训可以说是吃套餐，也就是全部由铭传大学安排，我们的口味是轻，是重？他们只能看着办，我们要学会点餐。培训组织上做好培训需求调查，培训设计带有一定的个性化，敦促培训具有针对性、实效性，同样让培训班享受推行"适性教育"。

半个小时后，我们培训班将举行毕业仪式，在这最后的时间，我想说的是心底的话：有幸与23位校长成为同学，不仅是15天的同学，不是只有海峡这端的同学，而是成为人的一生中学习与交往重要的部分。套一句口号：深化教育综合改革，实现中国梦，同学们仍需努力！希望同学们协同创新，紧密形成一个学习型、合作型教育团队，让海峡两岸永远记住我们共同的名字，第九期赴台研修班。

名师论道 *

听名师论道，与智者同行。谈专业成长，绘教育蓝图。

刚才聆听了 12 位名师的汇报，可以说是精彩纷呈，成果斐然。虽然来自不同的学科，但给予我们的是同样的感受。那就是，每一学科每一门类的名师都光芒四射，魅力无限。

作为在高校长期从事教师教育的研究者，我们也常常思考，关于如何促进教师专业成长，到底选择何种方式与手段，有效地推动教师深度发展？毫无疑问，今天在这里我们找到了答案！那就是建立学习共同体。这个共同体就是名师工作室。这是一条助推教师快速、高效发展的新路径。

合肥市名师工作室起步于 2014 年，我一直在关注、跟踪。短短四年，我觉得已形成区域教师队伍建设的一个品牌。我们不忘初心，回首当初创设名师工作室的初衷，那就是强调名师工作室要有"起于方寸，蔓于全域"的小草精神和"志存高远，引领四方"的鸿雁精神。今天，我们欣喜地看到，小草早已破土而出，离离原上；鸿雁已经展翅高飞，志在蓝天，名师工作室建设成果显著。刚才汇报中我们的耳畔不断回响：搭台子、压担子、扶梯子、创牌子……这些创新的思路与务实的措施在名师工作室发展场景中一一再现了。

今天我作为点评专家，其实是抱着学习的态度而来。我有幸参加了前几批名师工作室展示与总结的活动，但每次都深有感触，深受教育，认为这是一个非同寻常的学习共同体。接下来，我来谈几点意见：

一、总体印象

今天合肥市第四批名师工作的展示，与前三批相比，和而不同，各有千秋。第四批名师工作室工作给我的总体感受是：踏实而厚实，求新而创新。关于名师工作室具有的发展特点与属性，我从三个维度来说。一是主持人：标杆高悬，引领有方。这个标杆是摆在我们成员面前，让我们去仰望、去贴近，甚至激发去超越；同时主持人确实起到核心的作用，引领有方，确立了名师工作室发展的理想和方向。二是工作室成员：激活探究，协同共进。通过多元机制的创新，营造了学术氛围，让所

---

* 选自 2019 年 2 月 25 日在合肥市第四批名师工作室成果展示会上的发言。

有成员学会学习，学会合作。三是成效显著：基于经验，催生成果。今天展示诸多成果主要基于经验，突出了资源的协同和聚合效应，也有效地发散与影响名师工作室合作的单位、挂牌的学校。他们展示的不仅仅是固化的、显性的成果，更是团队的智慧结晶。

二、名师工作室特色点评

今天向我们展示的 12 位名师工作室主持人，通过主体性、建构性、形象性和实践性表达将工作室发展情况一一呈现，每位名师在台上都展示了自身特色，可谓百花齐放，各领风骚。

洪晨名师工作室把"研究—互动—反思"融为一体，并采用信息技术手段，让教师的学习方式有了变革。同时强调理论学习为基础，终致厚积薄发。

边玥老师正如汇报的题目一样"边学边长，越来越强"。她的工作室推出的"双师同堂"，就是一种教学改革尝试。我还赞成她提出的"评好课重要性"的观点，我认为，评好一堂课是建构一堂好课的基础。

张蔚民老师以"梦在前方"为题，说出了"一个人，可以走得快，一群人，可以走得更远"。这也是名师工作室建设的一个初衷，就是希望我们一个人带着一群人一起前进，越走越远。他们工作室通过一些制度的铺设，营造了环境氛围，使整个团队一起朝着梦想前行。有趣的是工作室设计的 Logo 上有一只海鸥，在大海上朝着梦想的彼岸自由翱翔。

郭梅老师是一位数学老师，她以朴素的教学思想指导教学，"抓学习，重实践，真研究，比进步，展未来"，这些文字看似浅显，其内涵却深刻。而且作为一位数学老师，通过读书分享、阅读会等形式，提升团队的整体素养，这是非常值得提倡的。我也记下了她的话："有书必读，好书精读，知行合一。"

周纪红老师汇报的是一种真实的工作生态，体现了"教与学"真实的发生，让团队的成员以"带教"促进成长，有创意，也有实效性。

胡召霞老师是一位品德老师，通过自身的体验展示了品德课的教学独特方法。她所提到的分层上课，以及"141"课堂教学方式，给我们留下了深刻的印象。谈到的全国名师的联动与融合，为名师工作室下一阶段发展又打开了一个窗口。

刘志东老师重在阐述"反思"与"实践"螺旋式互动关系，讲到"学习"与"分享"融合的关系，我觉得这是兼顾团队发展，催生团队智慧结晶。

刘道存老师脚踏实地，虽然没有通过课件汇报，但同样让我们了解一所乡村学校通过"生活语文"的"真实的表达"，充分体现了"教学做合一"，让陶行知教育思想在教学指导中发挥着时代价值。

李亚玲老师通过目标定位、分层目标的形式以及分层任务，确定了团队中所有成员的方向和成长的节奏，让每个教师都有自己成长的进阶，也激发了大家步步提升。这实际上是名师工作室发展一个新的话题，就是名师工作室不仅是围绕主持人发展，每个成员结构性的多维发展同样重要。

赵淑萍老师的《一苇起航》，通过读书朗诵会的形式，促进了教师专业成长，激发了教师的专业自觉。她所提出的立体化的教育模式和结对帮扶等都让我们留下了深刻的印象。

夏春梅老师一上台就是一句"苦练内功"。话语朴实，但是确有普适的价值。我们任何时候都不能忘记内功的重要性。我还了解到，她的工作室与挂牌的新优质创新学校之间真正地体现了相融共生的关系。

三、几点体会

听了名师的汇报，我们更希望名师工作室能够发展更快，更为强大。接下来说几点体会：

1. 名师论道的价值

今天展示的主题是"名师论道"，我想谈一点名师论道的价值所在。12位名师在台上展示的都是实实在在的成果，有数字量化，有图有真相。但是恕我直言，很少有人袒露自己存在的问题与发展障碍。当然，有人说今天是成果展示，主要讲成果。但我要说明的是，发现问题同样也是成果。名师工作室建设还在路上，要继续前行，对于第四批工作室来说，还有一年多时间，发展当中一定会存在一些发展中的问题，有问题我们就不应回避。名师论道是一种交流、一种分享，也是一次集体会诊，取长补短，促进共同进步的机会。

今天很多老师在汇报中谈到了核心素养。2016年，教育部颁布了《学生发展的核心素养》，主要体现了三大领域，六大要素，十八个要点。某种意义上讲，核心素养应该重在能力与品质。关于核心素养，欧美发达国家和日本、新加坡等都有一个共识，把核心素养凝练为"核心素养4C"，这是由四个首字母是C的英文单词构成的。"合作、沟通、批判性思维、创造性思维"，这四点核心素养，不单单是我们学生需要的，在我们教师的专业成长中同样如此。

当下的名师工作室发展，首先要强调的是团队精神，是合作。人人都说，一花独放不是春，百花齐放春满园。名师工作室不单单围绕主持人发展，应该是将整个团队发展递进，都是名师工作室的发展者，应该要体现团队力量，众筹智慧，形成民主合作的氛围，我想这样的名师工作室才是健康的发展模式。其次是沟通。工作室成员之间要相互沟通，加强书面表达与文字表达。最后要具有批判性思维，也可以说是反思能力。这恰恰是我们当今在教育中最为缺失的。当然，今天我很欣喜地听到很多名师汇报时提到一些反思。这是改进我们的思维，既是思维技能，也是思维倾向。教育家杜威在反省型思维中论述过。关于这一理论，最初的起源可以追溯到苏格拉底。智者们之所以为智者，主要是具有批判性思维。那么我们在教育的发展过程中，如果没有反思，就少了发展原动力，可能就慢慢失去新的志向。刚才钱梅娟老师提出的"暖色语文"中，对学生提出的三个学会和"核心素养4C"相吻合。她谈到"学会质疑"，就是批判性思维，还有"学会合作""学会表达"，都是核心素养关键的部分。钱梅娟的"暖色语文"的教学主张，我举双手赞成。

2. 名师工作室发展方向

今后的名师工作室探索发展中，一定要明晰方向。主要基于四个方面：

第一，研究方面。我们的研究不要为了研究而研究。大部分名师工作室的研究课题可能与目前自身所掌握的资源、优势的关联度还不足，所以下一步研究工作还是以"问题导向"或者"问题为本"，注重应用型的研究，通过研训一体化，及时转化成果，可能更有价值。

第二，教学方面。很多老师在课堂上有精彩表现，特别是名师，十分注重自己的课堂建构。这里提醒的是，课堂不单单是老师一个人的舞台，我们要尽力维护课堂生态，更多的是让师生互动、生生互动体现出来，激活学生学习主动性。这就是在课堂上不仅仅突出名师个人的表达，而要强调一种合作与探究。

第三，注重组织取向。名师工作室是团队建设，发展应该注重组织取向。合作是最为关键的，一定要建梯队，明方向。李亚玲老师所讲的工作室内"目标分层"就是确立整体发展，在梯队中以机制确保每一位成员的目标呈现，而且要形成合作机制。其实，合作机制创新也是成果，而且这种成果甚至比之论文成果，我认为更有实践意义和推广价值。

第四，名师工作室的功能延展。名师工作室在自身团队建设基础上，还要加强功能延展。名师工作室要为当地教育改革，为新优质学校的创建发展起到一定的带动、辐射作用。每一位工作室主持人要有责任担当，促进学科交叉与整合，在区域教育发展体现应有价值。

今天，名师论道与成果展示，促进了区域、校际和教师间的交流与学习，应该说正在按照合肥市教育局的设想，渐而实现"由点到线，再到面"的同心圆式扩张模式。感谢各位名师向大家展现绝美的华章。莎士比亚有一句名言："凡是过去，皆为序章"，今天我们展示的不过是一段精美的序曲，拉开帷幕而已，我们相信，各位名师后续将为新时代区域教育改革与发展呈现更多的精彩！

提升科学素养 *

在文化名城保定举办的《科学》实验教材研讨会，是一次难得的学习与交流机会。研讨主题是"提升科学素养，拓展国际化视野"，可以说非常切合当前基础教育改革与发展的形势。对于这样一项高端教育改革创新项目，大家寄予了许多美好愿望，由此，我想表达三点意见：

一、认识新科学

这里讲的"新科学"有两层含义：一是当前新一轮基础教育课程改革正在稳步推进，《小学科学课程标准》正式颁布，科学教育课程内容、体系结构，都发生了巨大变化。尤其在新时代教育改革背景下，科学教育已经赋予了新的内涵，这需要教育工作者重新审视与认识。第二层含义，"新科学"指的是新加坡科学教育。大家都知道，新加坡国家科学教育近年来在世界上具有重要的地位与影响，在一些国际性的学业测试中，比如世界经合组织推行的覆盖全球的 PISA 测试，2012 年及2015 年两个测段，新加坡的科学成绩水平都遥遥领先，名列前茅。我们这次推行的《科学》实验教材，就是源自新加坡的这套教材体系。这套教材目前已被世界上 65 个国家引进与使用。某教育集团独具慧眼，五年前为了将新加坡教材引入中国做了大量的基础性工作，并组织专家团队进行翻译和改编，同时结合中国课标大纲，进行汉化与本土化处理，经试用后，目前教材已基本成型。这系列教材具有的基础性、创新性、探究性和互动性的特点，符合儿童认知发展的规律，中国科学院大学任定成教授在教材审订时曾作出评价，"非常适合中国孩子学习"。由此，今天的培训会上，我认为有必要认识新科学，认识科学实验教材的内涵。

二、学习新方法

新加坡的科学教育之所以取得如此骄人的成绩，不单单归功于他们有一套好的教材文本，更重要的是他们侧重教学方法的创新。这一点与国内传统的教学做法有着较大的差别。如果我们用心地研读这套教材，就不难发现教材的课本和活动手册中，处处蕴含着一种"合作—探究式"的教学理念，他们切实以学习者为中心，通过 5E 教学法，即 Engage（参与）、Explore（探究）、Explain（解释）、Elaborate（延伸）

---

* 选自 2018 年 7 月 28 日在《科学》实验教材研讨会上的发言。

和 Evaluate（评估），强调学生自主构建的教学方式，培养学生的动手能力，激发学生参与活动。关于这一点我就不多说了，接下来新加坡教育部的苏林老师将现身说法，希望大家看在眼里，记在心中，积极参与，内化于心，为今后的《科学》教育实验借鉴与运用。

三、开展新思考

培训会是教师专业发展的一种牵引活动，每一位参训者都以培训会为基点，对自己的所学、所得、所悟进行消化与吸收，更希望大家能静下心来，在酷热的夏日，对科学教育进行冷思考。思考什么？思考现行的科学教育问题何在？奋进之路将在何方？创新点如何激发？需要提醒的是，这次培训不是简单的拿来主义，对于这套教材，更重要的是结合地情、校情、学情的实际，来开展切实有效的教学工作。昨天晚上，我认真地翻看新改编的教材，深深地感觉到新加坡的科学教育，充分地体现出"科学在身边，科学在生活"的理念。我由此想到了陶行知先生，想到他的"生活教育"理论，想到他"做中学，学生做""教学做合一"的教育思想，这些都凸显了创造教育思想与精神，与今天教材中所强调的如出一辙。我们要进行深入的反思，我相信，只要老师们注重学—思—行的结合，策动创新力与激发能动性，一定能形成一套高效的教学方法和教学模式。

相信通过参加今天的培训，国内外的教师和专家都怀着同样的目标，希望大家相互交流，协同发展，建立起科学教育的学习共同体，长效地开展教学与研究合作。

校长培训的情缘 *

关于"校长专业发展"这个话题，我心中有着较深的情结，说起来难免话长。一言以蔽之，是源自我的父亲。

个人成长中，教育与影响我最为深刻的人毫无疑问是我的父亲。父亲是一名教师，也是一位校长。父亲把毕生的精力都奉献给了教育事业，从教四十余年，在校长岗位上也有二十多年，历任多所学校的校长。从乡村小学，到区域中心校，有小学，也有九年一贯制学校。父亲所经历的虽然是一位普普通通的教育工作者、一位校长的历程，却也营造了一段艰辛而丰富的教育人生。从我的视角里，比较清晰地管窥出父亲的教育生涯中的几许辛酸与华章。

作为校长、教育者，父亲呕心沥血，其一生都在学习。记忆中他大多是在黄灯下孜孜不倦地阅读书写，或低首沉思。儿时的我每每从睡梦中醒来，朦胧的眼帘光影里总是父亲读书写稿的背影。"师者，传道授业解惑也。"父亲在教育教学上严格要求自己，教学业务精益求精，尽管他多年一直荣膺当地的名师之誉，却丝毫不懈怠、不放松。从教书育人到服务社会，父亲不仅是教学的"领头雁"，而且要带好一个团队，管理好一所学校。父亲所在的几所学校，他在任期间都发生了巨大的变化。初涉的一所普通的乡村小学，教学质量位居全区前茅，来自方圆数十里的观者取经者如云；经营的城镇中心学校，也是大兴改革，省级领导都专程来校视察。父亲勤于思考，在管理上比较实用性地总结与提炼出了不少治校经验与方略，在地方教育界富有一定的名气。

竭力地支撑乡村教育发展的一片蓝天，以教育为一方百姓谋福祉是父亲一辈子为之追求的教育理想。为师为父，身边的父亲于我来讲一直倍受仰视。作为一名教育研究者，我曾试图以父亲为微观样本来细细剖析，这位平凡朴实不言伟大的中小学校长，他的身上究竟蕴含了些什么，是何等力量促使他无限地奉献来治校育人呢？在父亲心中自我定义成为何种取向的教育人？这些让我面对熟悉的父亲反而又变得陌生起来了。

直到后来，我读了一本书，同为中小学校长的南京师范大学附中的胡百良先生，在书中阐述了中小学校长具有的"特殊的使命"，是需要以全身心献给教育改革事业。

---

* 选自 2017 年武汉大学出版社出版的《中小学校长培训与专业化发展》后记，略有删改。

童年的我，家中虽不富裕，但生活中随处皆能触及书刊。确切地说，父亲是位智力投资者，书刊资料汗牛充栋，这些都是他作为教师，作为学校管理者必备的知识源泉。记忆中家里的书桌上时常摆放有《人民教育》《班主任之友》之类的专业刊物，父亲也经常执笔在上面圈点、做笔记。若遇上好的文章及时批注，并在教师大会上进行推荐、阅读。基层学校的管理人员很少，事杂，但父亲却一件一件厘清，做到办学有条不紊，事业红红火火。在他的精心经营打理下，每所学校的管理都井井有条，教学质量上去了，校园变美了，学校名声大了……

我刚上大学的那年，父亲参加当地教育部门组织的首批中小学校长培训。寒假归来，父亲与我细谈他的培训心得。我在师范大学就读的是教育学专业，他的培训教材中有不少内容与我所学的专业课程相类似，引起了我的兴趣与共鸣。我们父子间的交流也变得更为深入，更具专业性。巧的是，四年后，我大学毕业后从事的工作就是全省中小学校长培训的管理与服务。

1997年夏天，我毕业于安徽师范大学。当时的背景是安徽省中小学校长培训工作在全国居于落后的境地，据说曾在全国性工作会议上屡遭点名批评。其根本原因在于此项工作职能不清、体制不顺。于是省教育厅决定要创新体制，独立建制设置"安徽省教委教育管理干部培训中心"，并要求"三年赶五步"跟上全国的步伐。新设的机构急需人员，决定选用一名教育专业毕业生，于是就给了我机会。我读学校教育专业，专业对口，更重要的是，我对校长培训工作并不陌生，发自内心地热爱这项工作。于是，我便开始了服务中小学校长专业发展的工作生涯。

在校长培训岗位上，我先后工作了12个年头。其间从入门到熟悉，从创拓到资深，外表的艰辛悄然地包裹着内心的成就感。由于是一个新设机构，百废待兴，更多的是需要顶层设计和开拓经营。当时作为一个专业技术角色的我来到岗位，自然要发挥专业特长。从培训课程设置到教材建设，从问卷调查到培训模式选择，一步一步地推进与夯实培训的规范性与实效性。而许多针对校长培训的课程建构、模式创新等问题，我都先求教于父亲。他是一名服务对象，他的需求是最有发言权的，他的建议也是最具有鲜活性的。我当时所作的培训管理设计与发展性思考，都是有根有据的，因此也多次得到了上级主管领导的赞许。初出校门的我，为推进校长培训深度发展，曾竭力设计出两套校长培训发展的调查问卷，都以父亲为试测，其中自然也吸纳了父亲的许多建议而成为较为成熟的材料，后来运用于一项全国性的课题项目中。这些，我从未向外人透露，只是心中欣然我从事校长培训工作，背后有最最重要的依靠。

校长培训管理工作给予我许多锻炼与成长的机会。尚未毕业，我就参与了"全省教育干训工作会议"的组织筹备；前往省内外教育行政部门、中小学调研与评估90多次，撰写各类报告50多万字，参与编写培训教材2部。渐而校长培训工作在省内获得了一定的影响力，在全国同行中也倍受好评，一下从落后的省份跃居在全国大会上作典型代表发言的位次。成绩是属于组织的，属于领导的，但我也从中受益匪浅。经过磨炼，我对校长培训工作更为清楚与熟悉，也更加热爱这份事业。

一番历练后，我利用余暇时间对校长培训进行深度思考。此时退休赋闲的父亲总是鼓励我要春种秋收，早出成果。接下来的时间里，我以校长培训为主题申报了省部级、厅级研究课题4项，先后在《中国教育学刊》《中小学校长》《中国教育报》上以校长培训为主题发表学术论文30多篇，有经验总结，有建构思考，有的被人大复印资料全文转载。在每年一度的全国中小学校长培训研究会上，我的署名文章多次被编入"大会学习文件材料"。2005年还获教育部"中小学校长队伍建设"征文二等奖。

研究成果重在传播与转化。自2003年起，我应邀前往省内各相关培训学校讲学。在安徽师范大学等20多所培训院校开设讲座60多场，与学员互动交流700多人次。闲暇之余开设了教育博客，将自己的"学—思—行"都刊挂网络空间，加大了传播速度与扩散范围，并在全国教育干训领域结识了一批良师益友。华东师范大学的陈玉琨教授等对我的工作帮助很大。国家教育行政学院原党委书记、常务副院长张仁贤先生非常关心我的个人成长，多次为我排忧解惑。时任《中国教育报》"校长周刊"主编的鲍东明也给予了我不少建议。这些都对我个人的发展有了很大的帮扶。

本书是将多年的实践与思考进行积累式的表达与呈现，旨在从应用层面与大家一起分享共进。本书力求内容系统的同时，也将前期的研究成果融入，算是在碎片化中寻求一点突破。由此，本书的体系与内容可能还不具备一定的学术高度，但可以算是比较朴实的对校长培训的剖析与理解。本书分为八个篇章，是以校长培训为切入点，以专业化发展为主线来展开设计的。我一直以为，培训是校长专业成长的主渠道，建设一支校长队伍，首要是抓好校长培训。如今，教育部花大力气在全国范围内以"国培计划"推进中小学校长队伍建设，这是上好的策略，由此推进校长培训必将高效引领基础教育的改革发展。

尽管我已离开校长培训的岗位多年了，但这期间我并没有中断对校长发展的关注与思考，依然走在实践与探索的路上。2014 年 11 月，本人应邀出席长三角地区（沪、苏、浙、皖）校长培训班成果汇报大会，并作为专家对校长培训成果进行点评。在这种高规格的学术谈道论剑中，与知名校长对话与碰撞，提升了我的学习与见识。如今，我的工作岗位是服务基础教育发展的协同创新，与校长培训工作一样，均面向基础教育，而且两者间相通之处，正是以校长为学校改革的核心所在。做好当前工作，依然与校长专业成长相关联。我很庆幸自己先后从事的两个工作岗位间密切联系。其实这些，说明今生我与中小学校长培训、校长专业成长结下了深缘。

弯道超越 *

淮北市十二中，相对于许多百年名校来讲，这是一所年轻的学校。难以置信的是，学校从创建到现在刚刚才满 15 个年头，如今可以说是"小荷尖尖初长成"。

这 15 年是不平凡的 15 年，学校从无到有，从苦于生存到蓬勃成长，从默默无闻到今天成果彰显，走出了一条艰辛的发展道路。而淮北市创办全新的十二中时，是公开选招校长的，袁立新校长受命于危难之际，15 年如一日，带领一批开拓者，渐而将这所普通学校带入现代学校的行列。

刚才，通过袁校长的交流发言，可以清晰地看到，十二中人所走的这条发展道路，是始终坚持从严制校、人文见长的办学思路，以内涵式建设促进学校持续发展。可以用六个字概括："高起点，快发展。"这里的"高"，是学校创设当初所作的顶层设计之高；这里的"快"，是学校发展中，架设了超越的快车道。下面与大家交流三点。

一、对文本材料的理解与评述

细读这篇交流成果文本《从普通学校到现代学校的超越之道》，也聆听袁校长的阐述，我认为，这不是一个单纯的文字成果，而是一所学校实践的提纯。全文 17000 多字，字里行间，蕴涵着从普通学校到现代学校的超越之道，浓缩了一位中学校长长期以来在办学过程中执着的思想信念与坚定的行为。

袁校长的发言分成四个部分，首先从教育的理解入手，引入自己对校长岗位的理解，对学校管理与经营的理解。袁校长从教育的源起，追溯"什么是教育"，甄别古今中外的论述，从柏拉图的《理想国》，到斯宾塞、杜威的"教育即生活"，再回看本土教育家的观点。由此可见，他的学术态度是严谨的，凡事从源问起，正本清源，才是看到教育的实质，解决铺平理论发展的轨道。

厘清教育源起后，他开始畅谈自己的教育理解，亮出了自己独到的"五观"，即教育观、教师观、教学观、学校观、校长观，把其中的"教育即是唤醒、激励和指导"的理念，全都落实在学校实践观当中。

有了这些教育的哲学思考与价值判断，作为一校之长，他心中的教育愿景的架

---

* 选自 2014 年 11 月 6 日在"第 4 期长三角名校长高级研究班成果交流会"上的点评发言。原文刊于《安徽基础教育研究》2015 年第 2 期。

构就呈现出来了，但这些都属导论性质，为后面工作思考与推进作理论陈述与铺垫，而最富有挑战的是实践与策略。

第三部分解决这个问题，侧重学校校本的成功实践，渐而汇聚成超越之道。

而最为关键的是第四部分，这里面可贵的是袁校长进行了一番提炼与概括，也是他所悟出的超越之"道"，这个悟的过程，实质上是他对自己的认识与感悟进行理性的提升。我们注意到，袁校长以清晰的逻辑与发展的思路，表达出他所领悟出的一些真谛：校长的教育追求与教育实践相结合，学校发展过程是制度建设的过程、是文化创新发展的过程、是用心经营学校的过程（一结合，三过程）。

二、交流成果的价值体现

会务组提供了精心编印的论文集，这里面包含了多位校长的文章，我中午抽空看了一下，信息量大，层次多，密度高，其中能看出校长们丰富的思想与高效的操作与管理能力。

今天是成果交流会，我们平时谈学术论文也好，交流成果也好，这里面的核心要素是什么，我认为是学术见解，这是交流成果的灵魂。大家都知道，成果见解是作者自己的思想、主张、观点。大家也知道，评价一篇论文或成果，一个重要内容就是是否有作者的创造性学术见解。当然，不可能每篇文章体现的见解都是空前绝后、绝无仅有的，但求在论文所研究的范围内，要有真知灼见，绝不人云亦云，单纯重复前人的发现。

回过头来看袁校长的交流成果，我认为最精彩的部分是他对工作实践进行朴素的提炼，围绕着"超越之道"展开论述，形成了成熟的、精心锤炼的见解。这样特例的校本发展，也就在一定意义上具有一种广普性和代表性，对学术领域内涵的充实，以及观点的争鸣产生了积极作用。

三、交流成果的转化

说到成果转化，先与大家分享一位校长的成长，湖北天门中学肖信斌校长。这位校长我不认识，以前也不了解。但多年前我的一位好友，武汉大学出版社资深编辑告诉我，肖校长在武汉大学出版社出版了一本书，他建议我"不妨读全文"。

肖信斌写的第一本书是《一个中学校长与学生的116次谈话》，这本书重印了多次，影响不错。他本人也被邀请到武汉大学开学典礼上讲话，而且非常受师生欢迎。我读了，读后确有感受，他的一些教育思想虽然碎片化，但却影响了我。随后又读了他的第二本书《怎样陪孩子读高中》，今年，正在读他的新作《中学决定人生》，发现他的思想体系不再碎片化，渐而形成了思想。9 年时间，三本书，这位素不相识的校长，我读了他的书，读出了他的那种大胆尝试创新的办学思想与策略，读出了他那强烈的理想主义激情，读出了他睿智的思考与乐于奉献的精神。其实，我想他的身上，许多地方与我们在座的校长的工作颇为相似，甚至我们校长做得更好、更细，更有作为。但我想说的是，我们的成果或者说潜在的成果也要挖掘、开发，更多地让别人分享，我们的培训辐射面就无形中扩大了许多，更重要的是校长独到的教育思想在不断得到影响和影响着别人。

袁校长的思想已经融入文本当中，这里面还可以进行提炼与升华，因为超越之路远远没有尽头，他还在路上，还在不断地进行教育的唤醒、激励与指导。

最后一点，谈学术规范性问题。中学校长长期从事基础教育工作，注意实践研究，在学术规范方面还可以进一步提升。学术素养与规范训练问题是一个相对比较普遍的问题。作为成果体现，虽然不是刻意地追求学术味，但起码学术论文的规范还是要具备的。从形式上看，有一个体例规范问题，小到段落标点、注释引用准确，从内容上看，使用专业术语，观点的提炼与见解的陈述，要符合学术规范。另外，文章语言表述与风格上前后要保持一致，文章中间有些要素与信息是可以交叉使用的，但要从不同的角度切入，不能给别人重复之嫌。语言表达方面，还可以更为精练一些。

参考文献

［1］朱永新.我的教育理想（增补本）［M］.桂林：漓江出版社，2014.

［2］王铁军.现代校长培训：理念·操作·经验［M］.南京：南京师范大学出版社，1999.

［3］卢元锴.校长学［M］.北京：华文出版社，1999.

［4］张楚廷.校长学概论［M］.北京：北京师范大学出版社，1994.

［5］曲绍卫，张金宝，等.校长素质论［M］.青岛：青岛海洋大学出版社，1998.

［6］姚本先，钱立青，等.咨询心理学导论［M］.北京：中国科学技术出版社，2005.

［7］国家教育委员会人事司.优秀校长治校录：全国优秀校长先进事迹和办学经验汇编（第二辑）［M］.武汉：武汉大学出版社，1996.

［8］王继华.校长职业化释要［M］.北京：北京大学出版社，2003.

［9］杨河清.人力资源管理［M］.2版.沈阳：东北财经大学出版社，2010.

［10］周俊.中小学管理案例教学［M］.北京：教育科学出版社，2004.

［11］钱立青.安徽省基础教育综合改革创新案例［M］.合肥：安徽大学出版社，2015.

［12］钱立青.安徽省基础教育发展评论（1）［M］.合肥：安徽大学出版社，2016.

［13］郭德侠.校长如何提升课程领导力［M］.北京：北京师范大学出版社，2016.

［14］叶澜.时代精神与新教育理想的构建——关于我国基础教育改革的跨世纪思考［J］.教育研究，1994（10）：3-8.

［15］容中逵.论基础教育改革的基本精神与路径［J］.课程.教材.教法，2015，35（4）：29-36.

［16］钱立青.中小学校长培训实行学分制管理的思考［J］.中小学教师培训，2005（9）：26-28.

［17］钱立青.干部教育培训实行学分制管理的思考［J］.继续教育，2006（3）：4-6.

［18］杨海松.人人享受教育［N］.中国教师报，2012-10-24（4）.

［19］钱立青.教师继续教育培训机构评估认定的探索性思考［J］.中国教师，2006（5）：
　　 49，50-51.

［20］崔永胜，娄立志.论民主教育思想与学习共同体的构建［J］.内蒙古师范大学学报（教
　　 育科学版），2009，22（9）：18-20.

［21］钱立青."问题为本"：提高中小学校长培训绩效的教学模式变革［J］.中国教育学刊，
　　 2007（4）：37-39，64.

［22］钱立青.教育实践反思与中小学校长专业化发展［J］.教育前沿，2009（13）.

［23］石中英.20世纪教育中的国家主义：回顾与讨论［J］.教育学报，2011，7（6）：3-13.

［24］陈静静.基于儿童发展的变革之路［N］.中国教师报，2019-02-20（4）.

［25］杨颖东.失衡与反拨［D］.上海：华东师范大学，2014.

［26］钱立青.柔性管理：中小学校长培训管理的一种科学范式［J］.中小学校长，2012（9）：
　　 33-34.

［27］钱立青，潮道祥.开发中小学校长经验性资源反哺培训教学的研究［J］.教育理论
　　 与实践，2016，36（2）：21-23.

［28］张荣伟.教育共同体及其生活世界改造［D］.苏州：苏州大学，2006.

［29］叶澜.时代精神与新教育理想的构建——关于我国基础教育改革的跨世纪思考［J］.教
　　 育研究，1994（10）：3-8.

［30］钱立青.案例教学：中小学校长培训课堂教学模式的优化［J］.合肥师范学院学报，
　　 2008（4）：127-129.

［31］宋宏福.论教师的教育信念及其培养［J］.现代大学教育，2004（2）：37-39.

［32］王彦明.在理想与现实之间——教育理论与实践关系的再思考［J］.教育发展研究，
　　 2010，30（4）：30-35.

后记：我的教育理想

涉世之初，心中悄然埋下了一颗种子：长大后我要当一名教师。

这可能是因为我出生于教师家庭。我的父亲深耕教坛几十年，在当地算是一位倍受景仰的名师、名校长。父亲浑身焕发的那份书卷气和师表风范，犹如我人生前行的灯塔。我的哥哥、姐姐都先后担任过中小学教师，家里的不少亲戚长辈也有从教为师的经历。显而易见，教师成了我儿时最为亲近的一种职业。少时耳濡目染教师呕心沥血、忘我耕耘的文章或故事，还有体现教师职业的奉献精神和无私的爱，熏陶着我，感染着我，并铭刻于心。

父亲早年本来从政，但在他看来，教育能根本改变人及其生活环境，甚至如同医生一样，也能治病救人。庆幸的是，他后来转涉教坛，从一名民办教师做起，从乡村到城镇，历任多所学校的校长。父亲也是我的老师，他教书育人可谓是"碧血催桃李、丹心育栋梁"，为文化贫瘠的地方培养了大批人才。他亲手将班级后进生转化为成绩佼佼者的例子，就发生在我身边，让我真切地感受到春风化雨式教育的影响与作用，也让我体会了教师职业蕴含着博大的力量。

高考填报志愿时，由于父亲的影响和指导，我所填报的也多是师范专业院校。其实，当年我的高考成绩超出了重点院校录取线不少分，与我的成绩相差无几的几位同学，都择报并被录取于南京大学、厦门大学等全国重点院校。而我，当然也如愿进入了师范大学。

进入师范大学后，才知晓自己是本届教育系的最高分，心中自然滋生一丝憾意，尔后则是一阵欣喜。记得当时一位学生记者来采访我，他颇具一番追问的架势，问及我为什么要报考师范大学，又如何选择了教育系。我的回答简单明了：因为我的父亲是教师，自小对教师熟识而敬畏，心中怀有一种特殊的情感。

　　然而在师范大学四年的专业学习，并没有预想中的美好。除平日奔波于繁杂的课程学习外，我发现自己作为未来教师的专项训练不够，特别是缺少对教育理念的把握及更新，对教学技能的训练及强化，而这些恰恰是今后作为一名教师必须拥有的基本素养。临近毕业，我愈发认为自己与一名称职的教师相比还有不少的距离。况且，那时正逢市场经济的大潮冲击，教师职业和社会地位委实不高，尊师重教的氛围不浓，许多师范生的思想摇摆不定，对从业与前途自然有些迷茫。

　　但这一切很快有了改变。那是缘自毕业前历时六周的教育实习。当时实习安排在一所中等师范学校，学校规模不大，但教学与管理严谨有度。在那片简朴的校园里，我所接触到的每一位教师，无论男女长幼，都持有一丝不苟的教学态度，他们的言行堪为师表。我还发现，这些老师内心一定是深爱教师这份职业的，因为他们愿意与学生在一起，每每师生相融的场景都是欢愉的、成长的。当我站在实习讲台上，看着面前一排排端坐着比我年轻六七岁的学生，他们露出一丝好奇，其实背后是求索知识的渴望。我理解，那就是教学楼顶高树的八个大字"学高为师、身正为范"的追求。也许不久的将来，他们也站在讲台上，承传教书育人的使命。那一刻，我觉得当好一名教师是多么重要与光荣。这次实习于我最大的收获，就是内心转变，专业思想稳固了。

　　大学毕业后，我被安排在一所高等师范院校工作。令人欣慰的是，这是我教育理想开启的地方。起初，我从事的是中小学校长培训工作。父亲说过：好的学校，从校长开始。他以一名实践工作者的身份提醒我，校长培训工作意义深远，但转变校长办学思想与育人观念为先为要，因为我们首先要解决的是办什么样的教育，培养什么样的学生。我深知责任重大，坚持学思并行，一直潜心服务和研究校长培训工作。

　　十年的校长培训，让我真切地了解到基础教育发展的现状，清晰地感受到优质教育资源的匮乏、教育非均衡发展、学生课业负担重等现实难题，但也欣喜地发现当下的教育正在有序地变革，在探索中创新发展。这与我的想法是吻合的，教育是向阳而生，向着理想而前行的。办好教育，应该胸怀理想，充满激情和诗意。我期望未来呈现在面前的是一所所品质与特色兼具的学校，是一位位学识渊博、富有人格魅力的校长，是一支支敢于创新、活力绽放的教师团队，是一批批乐于探索、教养良好的学生。

　　有人说，要实现理想就必须穿过近乎板结的教育现实。眼下正处于教育发展的转型期，无论是作为一名教师还是教育管理者，如何真正地提升学生的核心素养，让教育唤醒人，就需要重新审视自己的教育理想、方向以及教学方法，积极主动地寻找最近发展区，不断地实践、反思与总结，选择与践行一种最适宜的教育样态。

然而，只有这些还不够，还要深层次地领会教育的发展与社会发展同轨融合。近期我两次应邀出席了省政协召开的教育专题会，会上的研讨交流，超乎寻常地拓展了我的思路。以往我等强调的教育研究，只是在圈子内就教育论教育，过多地关涉学术与技术层面。其实，我们不应该只把目光停留在教育本身，要具有更大的发展格局，须从人的全面发展和社会全局的要求来看问题，来规划教育。由此可见，教育的未来与社会发展是紧密关联的。

做一个关注现实的理想主义者，更要做一个思想行动者。这些年，我立足于教育创新平台，多以教育公平和培养卓越的视角，认真观察基础教育、高等教育，特别关注师范教育、乡村教育，更关注人的全面发展和教育创新，也尝试把研究方向锁定在一些政策分析和教育治理层面。宏观之外，也聚力洞察一些具体个案，力求知行合一，切实掌握人才培养和办学发展的规律。通过调研、评估或督导等多渠道，深入中小学逾百所，或凭以教育培训促进教师队伍建设和校长专业化发展，积累了大量的一手数据、资料和鲜活的案例。同时，我走上大学讲台，主动兼任辅导员，与师范生促膝对话交流，用心指导硕士研究生，延传两代师表精神。还充分利用全国和省级陶研组织推进学陶师陶活动，宣传与弘扬陶行知教育思想，倡导争做"四有"好老师。在种种教育行为中，我一有机会都竭力宣传，犹如播种机把心理想的种子播下去，期望在每个角落都能营造一片良好的教育生态，渐而回归那种朴素至简的教育。

朱永新说，教育是一颗颗心的碰撞与交融。因为碰撞而不断创新，因为交融而齐心协力。今天的教育发展与进步，需要理念的引领，更需要落地的实践与创新，终究需要一大批有志之士共同努力实现。

我深信，只要怀揣梦想，凭一颗真诚之心和坚实步伐，美好的教育理想不会离我们太遥远。

钱立青

2021 年 8 月　　合肥